大都會文化
METROPOLITAN CULTURE

大都會文化
METROPOLITAN CULTURE

# 愛の練習曲

## 與最親的人快樂相處

# 目錄

## 第三章 別把尖銳的矛頭指向親人



## 第四章 體諒，創造好氛圍

# 前言

從小到大，親人陪伴在我們身邊的時間有多長、分量有多重，我們曾經仔細的想過嗎？父母，含辛茹苦的將我們扶養長大；兄弟姊妹，陪我們一起嘗遍成長的酸甜苦辣；另一半，牽著我們的手，互相扶持走過風風雨雨；孩子，豐富了我們的人生。這一切的一切，讓我們的生命更加圓滿。

但是，因為天天見面、朝夕相處，讓我們在不知不覺中疏忽了應有的體貼和關心，在我們受到委屈或是感到憤怒時，就會無形地遷怒於我們最親的人，對他們發牢騷、發脾氣、發無名火，認為他們會永遠包容我們、理解我們，所以就任由自己說著最傷人的話，做著最傷人的事。

同樣一件事，發生在別人身上我們能理解、能包容，但對自己最親的人，我們總是有著更多的要求，認為他們應該怎樣怎樣，在沒有達到我們的期望時，我們會毫無顧忌地宣洩自己的不滿。認為越是親近的人，越沒必要掩飾自己的真實想法，於是我們不自覺地傷害著他們。他們或許不會怨恨，但總會留下淡淡的傷痕。日積月累，傷痕越來越深。

我們可以對一個陌生人面帶微笑，可以向一個路人伸出援手，那為什麼不能與最親的人好好相處呢？

很多人認為，反正是自己最親密的人，話說重點沒關係。於是，父母管教孩子專挑難聽的話刺激他；夫妻吵架互相揭短；親屬之間遇到利益之爭更是「寸土不讓」；戀人吵架也挑難聽的講……他們都說是因為沒拿你當外人才會任性、說話隨便，但現實卻是在外人面前個個都表現得很紳士，說話小心翼翼，一整個本末倒置！其實，親人才是最需要呵護的，因為這直接關係到你自身的幸福。

所以從現在開始，讓我們努力練習如何去愛，學習與親人快樂相處的方式，增加彼此之間的感情，這才是幸福生活的真諦。

## 第一章

# 學會控制情感和情緒

歇斯底里是情緒無法自我控制時的一種發洩狀態，但是你發現了嗎，身邊的親人往往是這種情緒的發洩對象。為什麼我們會對最親的人做出如此不理智的行為呢？明明是對自己很重要的人，為什麼會不懂得珍惜呢？這一切，難道僅僅是因為「熟不拘禮」的邏輯嗎？

## 用愛害人

其實，太愛一個人，也會傷害一個人。你是否知道有一種傷害叫溺愛？

### 不要以「愛」的名義傷害孩子

誰家的父母不愛自己的孩子？要錢就給，要吃什麼就給什麼，錯誤也是可以原諒的，搗蛋會被說成聰明，沒有禮貌會被看成不拘小節。總之，事物的意義就憑嘴一張，一切都變得簡單。

可結果呢？一些得到父母溺愛的孩子，養了一身的壞毛病：不懂得金錢是勞動的結果，花錢如流水，父母後來想加以控制，卻使他們內心產生了忌恨；一直受父母照顧，他們不懂得照顧別人，只知一味地接受感情，失去了愛別人的能力。在自己外出時，很多時候，小小的困難變成了巨大的災難，小事變成了大禍！

溺愛，是一種失去理智、直接摧殘孩子身心健康的假愛，它只會坑害孩子的一生！沒有距離的愛、沒有界限的感情，是最容易構成傷害的，很多父母就是以這種「愛」的名義來傷害孩子。

下面是有害孩子身心的六種溺愛形式：

**1. 人小位高，待遇特殊**

孩子在家庭中比長輩的地位還要高，處處享受特殊待遇，像是好吃的食物放在他面前供他一人享用；爺爺奶奶、爸爸媽媽可以不過生日，孩子過生日必須買大蛋糕、送貴禮物……這樣的孩子自感特殊，習慣於高人一等，結果定會變得自私，沒有同情心，不懂得關心周圍的人。

**2. 包辦一切，照單全收**

曾有幾位媽媽在一起討論要不要讓孩子幫忙做家事時，有家長竟說：「我疼都來不及，怎麼忍心讓孩子做家事呢？」也有的說：「叫小朋友做事更麻煩，還不如我自己做呢。」這樣一來，孩子便無法體驗勞動的愉快，也不懂幫助父母減輕負擔，如此下去，必然失去一個勤勞、善良、富有同情心的孩子。這可絕對不是聳人聽聞。

**3. 輕易滿足，要啥給啥**

生活中，不管孩子要什麼，父母會盡一切努力滿足。有的父母還給孩子很多零用錢，輕易地滿足孩子。在這種環境中成長的孩子，必然會養成不珍惜物品、講究物質享受、浪費金錢和不體貼他人的不良性格，並且沒有一點忍耐和吃苦的精神。

**4. 過度呵護，大驚小怪**

本來孩子是「初生之犢不怕虎」，孩子不怕黑、不怕水、不怕摔跤、不怕病痛。摔跤以後往往會不聲不響地爬起來繼續玩，可是為什麼有的孩子後來會變得膽小愛哭了呢？這往往是父母和祖父母造成的，孩子的身體出現一點病痛就表現得驚慌失措，嬌慣的最終結果是孩子離不開父母半步。在這些孩子的性格中，「懦弱」會佔據很大的成分。

**5. 寸步不離，攬在懷中**

為了不讓孩子受到外界的傷害，父母不讓孩子走出家門，也不許他和同齡朋友玩。更有甚者，有的孩子成了「跟屁蟲」，時刻不能離開父母或祖父母一步。這樣的孩子慢慢會變得膽小無能、喪失自信、產生依賴心理，嚴重一點的，甚至會出現在家裡橫行霸道，到外面膽小如鼠的情形，使性格產生嚴重的缺陷。

**6. 懼怕要求，聽憑任性**

由於經常遷就孩子，當孩子遇到不順心的事時，就以哭鬧、不吃飯等來要脅父母。父母就只好哄騙、投降、依從、遷就。如此一來，就慣出了孩子很多壞毛病，使孩子變得自私、無情、任性和缺乏自制力。

以上六種溺愛的形式是比較典型的實例，可能不是每個家庭都有，但是一般家庭在各種溺愛中會占有幾種，或各種都有輕度表現也是值得警惕的，父母要學會以適度的愛來幫助孩子健康成長。

## 過度溺愛，等於傷害

有一位媽媽知道孩子愛吃蝦，雖然家中經濟拮据，還是咬一咬牙從菜市場買來幾隻鮮美的蝦子，做好後端上桌，看著孩子津津有味地吃著，自己捨不得動一下筷子。眼看孩子已吃完飯，媽媽忍不住想嚐一下剩下的蝦。「別動！那是我的！」她十四歲的孩子說。這位母親聽到這樣的話後無奈地流下了眼淚。

愛，是人類不可泯滅的情感。這種情感如何表現出來才是真正的愛呢？那就是適度的愛。生活中無數的事例已經為那些溺愛孩子的父母敲響了警鐘。不適當的愛是對孩子的傷害！

看完上述的例子後，我們是否要反思一下，發生這樣的事情，到底責任在誰？

其實，這毛病雖然出在孩子身上，可病根卻來自父母。難道孩子從生下來就不懂得愛嗎？當然不是，只是在父母的過分溺愛、無限縱容下，把愛丟失了，收穫的只有無情與自私。也許有的父母會說：「孩子畢竟還是孩子，還沒有長大成人，他們需要保護，需要愛。」可結果怎麼樣呢？小學生不會繫鞋帶，國中生不會洗碗盤、摺衣服，大學生搬到外面獨立生活後，很多事無所適從……這樣的例子在生活中很常見。這就提醒廣大的父母和長輩：做任何事情，都要有一個限度。過度保護只會使孩子變得無能，過度溺愛只會使孩子變得自私與無情。

溺愛在兩個階段對孩子的危害最大：一是孩子性格的形成時期，二是孩子漸漸獨立的時期。尤其是前者，對孩子的一生都有影響。這會讓孩子在獨立面對社會時不知所措，無法適應競爭激烈的社會環境，最終被社會所淘汰。

而父母溺愛孩子的原因，經過分析，有以下幾種：

**1. 失職感**

生活中，很多父母（特別是工作繁忙的父母）感到自己對孩子沒有給予足夠時間的關心與照顧，於是他們就在物質上給孩子很多東西，讓孩子生活舒適、盡情享受，以彌補精神上的缺失。

**2. 感情缺憾**

許多母親想通過溺愛孩子來彌補自己感情上的缺憾。這種情況在沒有工作的母親身上表現得尤為突出。如果在婚姻上遭遇不幸，就更想通過溺愛孩子來彌補。對於她們來說，溺愛孩子是一種需要，是撫慰自己心靈創傷的一種方法。

**3. 補償心理**

很多父母在童年時都有未能滿足的欲望：不是得到的愛太少，就是生活太窮困。於是，在經濟狀況好轉之後，父母便會選擇補償自己的孩子，來了卻自己童年的願望。父母實際是在滿足自己童年未被滿足的願望，可孩子卻成了犧牲品。

**4. 現實的目標**

許多父母把孩子當做自己的「第二機遇」，而不是把孩子看成獨立的人。他們將自己年輕時未能實現的願望寄託在孩子身上，想讓孩子成為他們自身的延續。

在這幾個原因的影響下，父母此時的愛，其實是在愛自己，儘管自己也會付出心血。但他們並不是在幫助孩子成長，而是打著愛的旗號，用犧牲親人的代價，滿足自己的一個心願。這是多麼的殘忍哪！

有一首詩寫得好：「禾苗乾涸了，需要澆水，但不能太多，水多了就會淹死。車胎癟了，需要充氣，但不能太足，充多了就會爆炸。生命很短暫，需要關愛，愛不能太多，愛得多了就成了傷害。」

在家庭生活中，父母都是愛孩子的，但要考慮一下什麼才是真正的愛。真正的愛首先就是把孩子當做一個真正的人，尊重他，讓他用自己的翅膀去飛翔，摔了跤鼓勵他，而不是禁止他繼續往前走，更不是抱著他走。讓他在跌跌撞撞中學會走路，學會飛翔，這才是真正的愛。

## 為什麼總是傷害最親近的人

你可以對朋友輕聲細語，你會對自己的愛人、兄弟、姊妹也這樣嗎？你會花錢請朋友吃飯，你會請自己的另一半嗎？總之，你會主動給自己的親人一點溫暖（愛意）的表示嗎？

### 傷害親人的原因

在日常生活中，人們之所以有許多痛苦，並且每天都在製造痛苦，是因為許多人的感情生活不健康、不幸福。如果一個人情感健康和幸福，他會把幸福傳遞給別人，別人也變得可愛了，工作也變得快樂了！同樣，一個痛苦的人，傳給別人的多半是痛苦，特別是與自己最親近的人，受到的傷害會更大。

當我們面對陌生人時，我們會習慣性地將自己最優秀和最精彩的方面展示出來：向他們表示禮貌、修養、儒雅大方、心胸寬廣、耐心等一系列美好品質。然而，當我們回到家時，卻懶散地只等待著有人來伺候，與在外面相比完全變成了另外一個人。在家裡，我們沒有了禮貌，沒有了修養，更沒有了什麼儒雅大方，我們的心胸也變得非常狹窄，也沒有耐心。好像好的方面已經在外面用完了。我們把美麗拿給外人，把醜陋留給了自己最親近的人——這也就是所謂的「熟不拘禮」的邏輯。

你是不是在上面的情況中找到了自己的身影呢？相信很多人的答案都是肯定的。是的，很多人在其一生中，與同事說的話多於與自己的親人說的話，除了睡眠時間，與同事相處的時間多於與親人相處的時間。

我們可以算一算：我們到底給了親人多少美好的東西？我們花了多少時間和精力給自己最親近的人？我們與親人在一起時，又拿出了多少熱情和耐心？

我們歌頌公而忘私，把公而忘「家」視為學習的楷模！可見，我們天生就是希望博得庸俗觀眾一笑的最淺薄的演員！在日常生活中，我們總是忽視自己最親近的人，拿他們與我們在外面的事情做交易。

我們對自己的同事、朋友獻上最真切的關懷，對自己的親人卻總是如同應付差事，心裡想著如何溜走；我們對最親近的人講，外面有事需要忙，所以會晚些回家，這需要親人的理解，否則就是不支持，因為外面的事永遠比家裡的事更重要……

造成這些情況的原因，主要有以下兩個方面：其一，傷害與我們最為親近的人似乎成了一種習慣。在我們的生活裡，總是會遇到這樣或那樣的不順心，這時候，我們身邊的愛人、親人、朋友就是我們傾訴的對象。而且，越是親近越是想要找的人，當我們把心裡的不快發洩出來的同時，無形中也把這種「垃圾」帶給了對方，尤其是你的不快和對方有關的時候；其二，就是認為即使你傷害了最親近的人，他們也會原諒你，所以你才做得那麼理所當然。

## 永遠的親人，傷害卻最深

這是發生在美國的一個真實故事：一個四歲的小女孩，她的父親有一輛大卡車，而父親也很珍愛這輛卡車。有一天，小女孩拿鐵片在卡車上劃下了無數道刮痕。父親見到後十分生氣，盛怒之下，用鐵絲將她的手綁起來，然後吊著手，讓她在車庫裡罰站。四個小時後，她的父親才想起女兒還在車庫罰站。當父親趕到車庫時，女兒的手已經被鐵絲綁得血液不通。父親懊悔不已，趕緊將女兒送往醫院的急診室，但是，女兒手掌的部分組織已經全部壞死，醫生說，必須馬上截去手掌，小女孩就這樣失去了一雙手掌。

對此，父親常常活在自責當中。半年後，父親將卡車送進廠重新烤漆，又像全新的一樣。當他把卡車開回家後，小女孩看著重新漆過的卡車，對父親說：

「爸爸，你的卡車像新的一樣漂亮。」然後，小女孩伸出了她那雙被截斷的雙手對父親說：「可是，你什麼時候能還給我一雙手？」面對女兒的追問，父親很是難受，在痛苦之餘，他舉起手槍，飲彈自盡。

我們總是在無意或是有意間傷害自己最親的人，在這則故事裡，我們不知道是父親傷害女兒深些，還是女兒傷害父親深些；這些似乎都是無心之失，然而造成的後果，卻令人黯然神傷。

其實，在這個世界上，常常被我們拿來傷害的人，往往是最關心我們、最愛我們的人。最親近的人帶給我們的親情是永遠都不會改變的，可以說親情是世界上最偉大、最美好的感情，它不摻任何雜質，純淨得如同一汪泉水，無需太多語言，卻顯得格外厚重，能讓人在千里之外就能感受到它的分量，親情到底有多濃、多厚，誰也說不清，誰也道不明。但是，我們卻常在有意或無意之間傷害我們最親、最摯愛的親人。

在這個千姿百態的世界裡，是什麼在我們失落時給我們帶來輕輕的安慰？又是什麼讓我們在前進的道路上少受苦難？答案很肯定：是親情。親情是一種在你身邊時，你察覺不到，一旦遠離你時，你就會無比想念的東西。

在我們很小的時候，每個人都會希望多得到一點親情的溫暖；長大之後，不論距離多麼遙遠，親情總是撫慰我們心靈最好的良藥。生病時、寂寞時、感到有壓力時，我們都會格外地想家，很想和家人說上幾句話，不需要家人給我們什麼，只是聽他們說說話就覺得很幸福，幾句隨意的聊天就能讓我們心裡溫暖許多，這就是親情的力量，偉大得簡直不可思議，人世間萬千情感都是由親情衍生而來的。所以我們千萬要體會親情，感恩親人，不要在不經意間遠離了親情。

# 隨意型家庭教養

隨意型家庭教養易使人變得冷漠！你是否明白，冷漠是你對親人歇斯底里的原因？你知道「情感冷漠症」的危害嗎？

## 隨意型家庭教養易使人變得冷漠

曉林是一名高中生，按理說，已是十六歲的少年，又受過多年的學校教育，理應有不少的知識積累，有不少的情感體驗，懂得體諒家人，懂得善待他人，知道生活的艱辛，曉得掙錢的艱難。然而，由於他從小在父母的「隨意」教育下長大，以至於對一切都表現得無所謂。父母生病，他不聞不問；父母憂愁，他不管不顧；父母吵架，他不拉不勸；父母辛勞，他不體不諒。放學一回家就上網，上學開口就要錢。父母稍稍唸兩句，他就粗語頂撞；掏錢慢了一點，就吼聲如雷。這讓身邊最親近的人常感無奈。

採用隨意型家庭教育方式的父母，對孩子的成長表現出漠不關心的態度，既缺乏愛的情感和積極反應，又缺少行為方面的要求和控制。跟孩子在一起的時間很少，有時會對孩子流露出厭煩、不願搭理的態度。不管出於何種原因，這種極端的忽略也可以視為對孩子的一種虐待，這是對孩子情感生活和物質生活的剝奪。

用這樣的教育方式所培養出來的孩子，具有隨意性的色彩，在個性上很不成熟，自控能力差，感情冷漠，達不到同齡人的正常發展水準，甚至在長大後會表現出較高的犯罪傾向。一個沒有得到愛的人，不會懂得去愛別人，這是「情感冷漠症」形成的原因。在這種環境下成長的人，容易對親近的人造成傷害。

古人云：「人之初，性本善。」人的心地其實原本是熱情、善良的，有些人之所以變得冷漠，往往是由於受到家人或環境的不良影響，不正確的教育和引導是人們冷漠的根源。冷漠就像人體內的毒芽，它會滋生出惡毒的果子。

冷漠，既傷害了別人，也傷害了自己。因為冷漠，你對親人朋友付出的愛心和關心越來越少，你會漸漸覺得社會和自己存在很大的距離。於是你只好將自己封閉起來，宛如行屍走肉一般。

每個人都有被別人尊重和關心的需要，這是人們心理的最基本需求之一。無論你取得多大的成就，如果沒有人與你分享，沒有人關心你，那你所取得的成就將毫無意義，人生也會失色不少。

因為你的冷漠，你看不到真正的生活和真正的人生，看不到本來的希望和曙光，看不到摯友和知音。你沒有發現自己的感情其實非常不豐富，跟隨冷漠而來的，必將是你內心深處的孤寂、淒涼和空虛。很多情感冷漠的人，最終選擇了自我摧殘和自我埋葬。這是人們所不願看到的結果。

## 「情感冷漠症」要不得

冷漠對人的毒害之深，常常出乎人的意料。患上「情感冷漠症」的人，表現為：對外界刺激缺乏相應的情感反應，對親友冷淡，對周圍事物失去興趣，面部表情呆板，內心體驗缺乏，嚴重時對外界的一切都漠不關心。

該如何消除這種「情感冷漠症」呢？實際上，冷漠的背後是愛的缺乏。改變冷漠不是要去幹驚天動地的大事，而是從身邊的小事開始。比如，每天多問候父母一聲、多給同事一個微笑、多幫妻子洗一個碗，多看一眼今天明媚的陽光。我們並不會為此失去什麼，得到的卻是愛與熱情所帶來的充實和快樂。

出生在美國的沃倫．巴菲特曾經就是個冷漠至極的人，他過度地追求金錢，認為付出愛心遠不如去掙一毛錢有用；他從小就極具投資意識，鍾情於股票和數字的程度遠遠超過了家族中的任何人。後來，當他取得了巨大的商業成功之時，卻感到寂寞和空虛，因為他之前對社會和朋友、家人缺少關愛，以至於沒有幾個人把他的成就看在眼裡，別人關心的只是與他之間商業上的利益。

這使他的內心生出了一股從未有過的孤寂與無聊之感。在沃倫·巴菲特的晚年，他終於意識到自己的冷漠帶來的無盡痛苦，最終他決定將大部分的財產奉獻給社會，來彌補他冷漠的過去。從此，他變得容光煥發，每天都享受著和身邊的人互相關愛的樂趣。

冷漠是人性的一大弱點，也是最容易被人們忽視的，因為你並不知道冷漠帶來的影響有如此之大。冷漠讓人孤獨地過活，讓你在別人眼中如同殭屍一樣。如果你下定決心打算改掉冷漠，希望自己變成一個有愛心的人，那麼，你現在必須突破冷漠的籠罩，調整自己的心態。

**1. 多交流**

交流不僅能使人克服冷漠，還能使人攻克一切情感障礙。

**2. 接觸大自然**

孤獨、冷漠感襲來時，不妨騎上自行車去郊外轉一圈，呼吸一下新鮮空氣，讓它消除胸中的苦悶和憂鬱。

**3. 欣賞藝術**

無論是音樂、文學還是美術，都蘊含著無窮的魅力。如果你愛上了這些無生命的東西，難道不會對所有活生生的生命充滿愛心？

# 放任型家庭教養

放任型家庭教養易使人變得衝動！你遇過衝動這個「魔鬼」嗎？你會被衝動這個「魔鬼」支配自己的行為嗎？

## 放任型家庭教養易使人變得衝動

一個人的行為若從小不受約束，任其自然發展，結果會怎樣？我們知道，植物在適當的空氣、陽光和肥料的培育下，按照大自然的規律均能長大。但若要其長得挺直、符合標準，就需要從小樹開始，不斷進行修理，將那些多餘無用的樹杈徹底剪掉，以保證樹幹能茁壯成長。

其實，孩子的教育與樹苗的照顧是相同的道理，必須從小予以重視，在每一個成長階段，仔細地注意觀察、瞭解，適時地進行引導，才能使孩子不為環境中的各種不利因素所影響，健康地成長。那種認為：「孩子如小樹，樹大自然直，孩子長大了自然會好。」的觀念是完全錯誤的。

下面我們來分析一下放任型家庭教養的形成原因：

1. 家長忙於工作、賺錢，無暇顧及子女的教育。
2. 打著民主、發展個性的旗號，放任不管。
3. 抱著「樹大自然直」的觀念，任孩子自由成長。
4. 家庭結構殘缺，使孩子成長環境先天不良，缺少關愛，放任縱容。
5. 家長對子女無力管教，只能聽之任之。

這五種放任孩子的做法，實則是害了孩子。放任型家庭教養使人喪失前進的動力和方向，易形成自由散漫、囂張蠻橫、感情用事的性格，極易走到歪路上去。

正在上大學的高松，就是在家長的「放任」中長大的孩子。有一次高松騎著摩托車載著女友去逛街，不料途中與一輛轎車發生擦撞，駕駛立即下車找他理論，沒想到他二話不說，三拳兩腳把那名駕駛打成重傷，後經搶救無效而死亡。不可理解的是，高松的女友竟袖手旁觀，看著男友活活地把別人打成重傷，而她的職業還是一個教師！

當然殺人是要償命的，後來高松和她女友沒能逃脫法律的制裁。而他的父母也因犯包庇罪被法院判刑，一家人從此陷入了牢獄之災。

這就是放任型家庭教養的後果。「放任」換來的是痛心和無奈。本來是一點小事，就因為不能控制自己的情緒，過分鑽牛角尖而釀成了無法挽回的悲劇。

培根曾說：「衝動，就像地雷，碰到任何東西都一同毀滅。」在生活中，人們總是很容易因為一點小事就大發雷霆，從而使自己與身邊人的關係變得很糟糕。如果我們不注意培養冷靜理智、心平氣和的性情，培養交往中必需的沉著，一旦碰到「導火線」就暴跳如雷，情緒失控，我們美好的人生就會全都被炸毀，最後只會陷入深深的痛苦中。這也印證了「衝動是魔鬼」這一真理。

衝動的代價是慘重的，而且難過、痛苦的還不僅僅是本人，家人、親戚、朋友都會受到連累。衝動無法解決任何問題，即使有時候看上去你贏了，但你贏得並不漂亮、不瀟灑。所以，每個人都應該抓緊理智這根韁繩，不要讓衝動自由馳騁，更不能讓它氾濫，否則吃虧受害的還是你和你最親的人。

## 不要讓自己的「衝動」傷害了親人

古時候有一個人叫艾地巴，他每次和人起爭執的時候，就快速地跑回家，繞著自己的房子和土地跑三圈，然後坐在田地邊喘氣。後來，他的房子越來越大，土地也越來越多，但他生氣時還是會繞著房子和土地跑三圈。艾地巴老人說：「年輕時，我和人吵架、爭論、生氣，就繞著房子和土地跑三圈，邊跑邊想，我的房子這麼小，土地這麼少，我哪有時間、哪有資格去跟人家生氣；後來，房子大了、土地多了，我就想，我的房子這麼大，土地這麼多，我又何必跟人計較呢？一想到這兒，氣就全消了。」

艾地巴老人的親身經歷向人們說明，控制好自己的衝動，在生活和工作中利用好自己的衝動激情，對自己、親人、朋友、公司和社會，都是有百利而無一害的。

在我們生活的周圍，經常出現打架鬥毆、酗酒滋事、夫妻反目、違法犯罪的事情，這都是由於自己的衝動失控，做事不假思索，草率魯莽，只圖一時之快，而在家人、朋友和公司上下級之間造成了許多遺憾，以及許多無法挽回的損失，有的甚至為此遺恨終身。

值得注意的是，人的衝動極易傷害到身邊最親近的人。如果一個人經常與身邊的親人發生摩擦，勢必影響整個家庭的和諧。大家都希望處在一個和睦的環境，更希望得到親人的尊敬和理解。如果你的性格易衝動，動不動就跟身邊的親人過不去，那麼親人自然會怕你，只好對你敬而遠之，長此以往，不僅得不到親人的尊敬和理解，也會失去親人的愛與關懷，從而使自己感到孤獨和寂寞。

這就警示我們，遇事不要衝動和感情用事，一定要冷靜，注意用理智的「我」去提醒和克制感情的「我」，不讓自己的「衝動」傷害了親人。當你受到某種強烈刺激，情緒激烈衝動，心理嚴重失衡時，只要自覺地、迅速地、果斷地運用各種方法進行適當調節，就能夠達到保護自己、克制衝動的目的。

# 專斷型家庭教養

專斷型家庭教養易使人變得叛逆！你是否知道叛逆心理進一步膨脹，便會產生歇斯底里症狀？

## 專斷型家庭教養易使人變得叛逆

專斷型父母把子女看成是自己的私有財產，要求孩子絕對地服從自己，對孩子要求嚴格，提出很高的行為標準，稍有不順，非打即罰。這種做法是非常錯誤的。個性較溫順的孩子雖然會屈服於父母的權威之下，但這同時也給孩子的心理造成了巨大的傷害，孩子會因此變得膽小、懦弱和自卑；而一些個性較剛強的孩子則會在心裡形成對父母的強烈不滿，他們會與父母產生對立情緒，並經常以反抗的形式來回應父母，使叛逆心理根植於心。

從結果來看，叛逆心理所導致的對親人的敵對行為，其實是在懲罰自己——不是拿自己的錯誤懲罰自己，就是拿親人的錯誤懲罰自己；這種結果對親人也是一種傷害——不是拿自己的錯誤傷害親人，就是拿親人的錯誤傷害親人。可見，叛逆行為對親人、對自己都是一種傷害。

有一個母親來到心理諮詢室，對醫生說她快被兒子小峰氣死了，她唸職校一年級的兒子，前些天由於動手打學校的警衛，結果被勒令退學。

她和老公在外面做生意，錢夠花，就是覺得知識不夠，於是他們把希望寄託在兒子小峰身上。他們對小峰從小就要求嚴格，從小峰上小學開始，除了吃飯以外，必須待在自己的房間裡唸書，不准看電視，就連星期天也不例外。從小學讀到國二，小峰的成績一直名列前茅，父母感到非常高興，認為自己的教育方法是高明的。

然而到了國二下學期，情況有了很大的轉變：小峰沉迷於上網，然後開始翹課、打架、夜不歸宿、頂撞老師和家長……叛逆行為明顯地表現了出來。小峰的成績開始直線下滑，最終沒能考上高中，於是家人隨便讓他讀了一所高職，沒想到小峰又闖禍：他與幾個哥兒們在學校操場抽煙喝酒，警衛走過來勸阻，他一拳頭把警衛打倒在地……

叛逆性格強的人，通常對身邊的人都有明顯的「反控制」和「對抗」心理，即你要求他這樣做，他偏要那樣做。而這種情形，最容易引起親人的惱火。通常親人越是惱火，對他（她）越發訓斥，就會使他（她）更加反感，直接影響到與親人間的正常關係，以至於把叛逆心理推向了極端，導致人格和行為的不健康，為心靈蒙上了一層陰影。

叛逆心理、行為如果得不到及時妥善的引導，就會導致當事人對人對事產生多疑、偏執、冷漠、不合群、對抗社會等不良心理與行為，使之信念動搖、理想泯滅、意志衰退、工作消極、學習被動、生活萎靡等，嚴重時還可能向犯罪心理和病態心理轉化，對自己、他人將危害無窮。

## 把叛逆心理從心中移開

為了不使自己和最親近的人受到傷害，在情緒衝動時要努力克制自己，把消極的叛逆心理從心中移開。

一般情況下，人們在聽到和自己觀點相對立的意見時，本能的反應就是抵抗。而在這種情緒的帶動下，就很難清醒地分析對方的觀點，聽不進對方的任何話，使自己一意孤行。

這種人給身邊人的感覺是不善於控制自己的情緒，固執己見，不善於傾聽別人的話，自負自大，可能很聰明、很有才能，但會使人對他產生一種懼怕心理。

在家庭生活中，要預防叛逆心理並不難做到，只要經常提醒自己，遇事盡力克制情緒，就能減緩叛逆心理。要知道，個性與才能並非是通過與別人對抗來表現的。同時，為了提高心理上的適應能力，應多參加各種各樣的活動，在活動中與性格不同的人交往，發展興趣，就會使自己的價值得以展現。

在工作或家庭生活中，一個有著廣博知識的人，能認識到叛逆心理的荒謬之處，並懂得採用一種更科學、更寬容的思維方式。因此，提高文化素質也是減少叛逆心理的好辦法。被叛逆心理所控制的人，視野會變得狹隘、短視和愚蠢。叛逆心理無法讓人進行常規的思維和判斷，讓思想僅僅是在「對著幹」的軌道上盲目滑行。所以，將自己從偏執的軌道中引導出來，是至關重要的。

另外，親人之間的相處若是和諧，也能減少或避免叛逆心理的產生與發展。

# 第二章
# 面對親人，耐心跑到哪裡去了

一個人在處理與同事和客戶的關係時，可以較好地運用理性，懂得控制自己的情緒，但是在深度的親人關係中，沒有誰願意控制自己。所以，我們常常對外人很有禮貌，對最親近的人則缺乏耐心。

## 忽視尊重

尊重是什麼？尊重就是尊重人的尊嚴，尊重人的基本權力和責任。作為一個現代人，不懂得自尊或他尊，就會給自己和他人的心靈造成創傷，嚴重的還可能無法挽回而遺恨終生。對親人忽視了尊重，你的耐心消失無蹤，隨之而來的便可能是傷害。

### 沒有尊重，哪來耐心？

親人之間親密無間，互相尊重本應是理所當然的事。然而，父母與子女之間、兄弟姊妹之間、夫妻之間互相貶低的事卻經常發生。不少人認為，親人之間「低頭不見抬頭見」，都是自己人，不用講什麼尊重，這實在是極為錯誤的心態。

「學會尊重他人」，包括家人、朋友、同事、熟悉的人……這是一個簡單淺顯的道理，但是，一個看似簡單的道理，也需要我們專心去好好感受。正因為我們經常會覺得有些道理非常簡單，往往會忽視它，不去專心感受它，所以才會傷害到別人，甚至傷害到自己。

在家裡，我們習慣了對家人大呼小叫，沒有一點兒耐心，一點小事不順心就沒有好語氣、好臉色，把家中的好氛圍弄得一團糟。甚至，依仗是親人，我們在他們面前表現著我們偶爾的任性和驕橫，因為是親人，我們心情不好時會不思量自己的語言，「有話直說」卻忽略了親人的感受。

正是在這看似平常的小事中，親情或被淡化或被摧殘，嚴重時還可能反目成仇。試想，如果對親人沒有尊重，耐心從何而來呢？

還有這樣一種人，由於自己的生活很富足，所以對待親人出手很大方，但總擺出一副「救世主」的架勢，隨意地侮辱親人。當別人指責他時，他還振振有詞：「我幫了你那麼多，你有什麼資格指責我？」這種人雖說不是壞人，但他這樣做人做事，不可避免地成了「損人而不利己」之人。是的，你確實幫助了身邊的親人，可你並未因此而獲得侮辱親人的權利！

華人社會講求父慈子孝、兄寬弟忍、夫妻和睦。如果連互相尊重都做不到，還叫什麼親人呢？還有什麼意義呢？只有當你以一種平等的眼光看待親人，把自己和對方擺在同等的位置上，不輕視、不壓迫、不傷害、不利用親人時，才能說你給了對方基本的尊重。

對親人有了尊重，耐心自然就會隨之而來。

## 愛他，就請尊重他

在別人眼裡，子廷是個不折不扣的成功人士：剛剛步入中年，資產千萬，生意順風順水，家庭和睦美滿，親朋好友都能受其照顧。在這個大家庭中，他算得上是核心人物。可他卻說自己很煩惱。

「是不是生意出現什麼問題了？」朋友問。

「不是，我只是感覺得不到身邊人的尊重。」他無奈地說。

「怎麼會呢？大家都認為你是個好人，怎麼會不尊重你呢？何況，你對親戚朋友們的幫助又那麼大。」朋友笑著回答。

「我確實盡全力幫助了身邊所有的人，可是，身邊的人卻從沒想過我需要的是什麼。他們只是在困難時才想起我，事情解決後，就很少與我聯絡，甚至平時連電話都不打。我覺得我在他們眼裡只是一個工具。」

「你很忙，肯定是大家都不好意思去打擾你。」朋友安慰。

「我覺得最親的人也不在乎我。就比如說今天吧，我好不容易回家吃一頓飯，飯後妻子洗了幾顆蘋果，大家只顧自己吃，沒有一個人問我一句，好像我是空氣一樣。」他忿忿不平地說。

「連我都知道你並不喜歡吃水果啊！對於那麼熟的親人來說，誰會想那麼多！」朋友笑著說。

「可是，」他掏出煙，像往常一樣示意朋友來一支，朋友則一樣擺擺手，表示不抽。「我知道你平時很少抽煙，但我每次都要問你一下，這是最基本的禮貌和尊重啊！」

「如果我不問你，你會怎麼想？」他點燃一支煙，噴出一口煙霧，悠悠地說。

朋友不好意思地低下了頭。

「互相尊重」，在陌生人之間需要，親人之間更需要！我們應該像對待其他人一樣來尊重自己的親人，像感謝其他人對自己的幫助一樣，感謝親人的幫助。總之，尊重親人要像尊重朋友一樣。

尊重是多方面的，說話換一種語氣，關心換一種方式，感激適時的表達，都是尊重。對於親人來說，我們的客氣和尊重實際上是一種敬重和感激之情。為了我們的幸福成長，長輩們含辛茹苦，無微不至地撫養我們，俗語說：「父恩比山高，母恩比海深。」親人長輩的恩情是我們一輩子都報答不完的。可以想想，一個不思報答、隨便糟蹋恩情的人，是不是等於一個「忘恩負義」的人？這種人一定會受到眾人的譴責與心靈的煎熬。

在工作和生活中，對朋友體貼，可以讓朋友喜歡與你交往；對同事和氣，可以增進工作氛圍的融洽；對上司尊重，可以讓上司對你產生好感。其實，家人之間更應該客氣、尊重，要知道，與家人的關係，是這世上最珍貴的情感。對家人體貼，可以讓家庭關係更親密；對家人和氣，可以使家庭氛圍更融洽；對家人尊重，可以使生活充滿更多的歡樂。

愛他，就應該尊重他。無論在日常相處上，還是家庭重大決策上，家庭中的每個成員都要有發表意見的空間和機會，家庭成員的地位都是平等的，沒有高低貴賤之分，相互尊重更有利於調節身心、促進健康。

家庭要時刻充滿愛，對老人要孝敬，對子女要關心、愛護，夫妻間應表現出對彼此的重視和需要。既然這一世有緣成為親人，就要好好珍惜這份親緣，珍惜與親人在一起的時間，相親相愛，互相關心，互相尊重。

人一生中大部分的時間是和親人一起度過的，如果我們經常留一個尺度給親人，說話做事能有一點像和朋友、同事相處時的尊重，那麼每個家庭皆會有很多的歡聲笑語，更能避免許多不必要的爭吵。

# 為什麼這麼粗心

為什麼你會對別人的小恩小惠「感激不盡」，卻對親人一輩子的恩情視而不見？你是否總以事業為重，而忽略了家人的感受？你是否明白「樹欲靜而風不止，子欲養而親不待」這一道理？

## 忽視對親人的關心

現代人的生活越來越忙碌了，有些人背負著「房奴」、「車奴」、「卡奴」的沉重包袱蹣跚前行，整日奔波於「兩點一線」；有些人為了金錢和名利，每天都是匆匆而來，忙忙而去。親情就這樣被人們遺忘在角落裡。

眾多粗心的人往往因為工作忙碌，忽略了對親人的問候和關心。在我們為生活忙碌奔波的每個白天與黑夜，拖著疲憊的身軀進家門，與親人交談的欲望被工作的辛苦和煩惱拋至九霄雲外，使夫妻之間、父母與子女之間共處的時間很短，溝通交流日益匱乏，親情交流日益讓位於交際。家庭氣氛沒了，心也麻木了，遲鈍得體察不到親人的感受和需求。

儘管現代生活的節奏越來越快，工作的壓力越來越大，但千萬不要因為忙就對親人大意、就不細心關懷親人了。我們不能遺忘親情與孝道，我們沒有理由不與親人溝通、交流。別說沒有時間，沒有機會，如果不趁著親人健在時善待他們，總有一天，你會為自己的「粗心」埋單。

有一個單親媽媽，辛辛苦苦拉拔大三個孩子。好不容易等孩子長大了，各自有了好的生活，還沒享到福的她卻突然過世了，那是因為她從孩子還小的時候就有老毛病，等他們長大了，聽到媽媽說不舒服，都沒放在心上，以為那是很正常的事。媽媽過世的時候，三個孩子非常後悔，心想如果早點去醫院檢查，媽媽就不會去世。

你是否也像故事中的孩子一樣，為了工作、為了學習，忽略了對親人的問候與關心？工作再忙碌，也不要忽視了最親的人，常回家看看，多關心關心親人，比任何物質補償都重要。

我們的工作、學習、生活都離不開親人的支持，平日多給親人一些問候與關心，就會少用眼淚作懺悔與贖罪。我們要細細品味自己的情感世界，深深體會親情的純潔與無私，讓親情回歸。不要只顧自己忙來忙去，忽視親人的感受，不要忘了：親人是我們事業的原動力與強大的精神支柱！

## 忙不是遺忘的理由

有位父親工作很忙，經常很晚才回家。有一天，他拖著疲憊的身體回到家裡，看到兒子正坐在門檻前等他。

兒子問：「爸爸，我能問你一個問題嗎？」
「當然可以。」父親慈祥地看著孩子。
「請問你每個小時能賺多少錢？」
父親回答：「兩百塊，你問這個幹什麼？」
「那你可以借我一百塊錢嗎？」兒子哀求地說。
「如果你要錢是為了買那些沒有意義的玩具，那麼你馬上回到床上睡覺，然後想想你是多麼自私！」父親憤怒了。
過了一個小時，父親覺得自己剛才的言語有些偏激，也許兒子真的有什麼要買的東西。於是他來到兒子床前，問了一句：「睡了嗎？」
「還沒睡，爸爸。」
「我為剛剛說的話表示道歉，這是你要的一百塊錢！」父親拿出了一百元給兒子。

「太好了！」兒子歡快地起身接過錢，並把他枕頭下已經有些皺了的錢也拿出來。

「你不是有錢嗎？為什麼還要？」父親有些生氣。

「是有了，可先前的不夠，現在好了，我有兩百塊了。爸爸，現在給你，我想買你一個小時，明天早點回來一起吃晚餐好嗎？」

父親聞言潸然淚下……

在生活中，忙碌的男人會對自己的家人說：「這一切都是為了家庭！」是的，男人忙忙碌碌地工作，的確是想讓親人過上好日子，生活優越舒適，但卻忘了一點——精神食糧比物質享受更重要。

忙碌的工作讓很多人忽略了眼前的風景，他們只顧低頭匆匆趕路，當到達目的地的時候才發現：與父母的感情疏遠了，夫妻感情出現問題了，孩子也不願和他溝通了，身邊的好友也不見了，一切的一切都讓人感到茫然……

忙碌，並沒有錯，錯誤的是他們只想著經濟方面，忽視了親人的內心需要。

對於已為人父母的人來說，與其留給孩子千萬家產，不如留給孩子一個樂觀向上、不屈不撓、健全平和的心態。很多時候，你給孩子太多東西，他們反而忘記了感恩。你辛辛苦苦地為他們忙碌著，教出的孩子卻好吃懶做、缺乏愛心。因此，在追求良好物質生活的同時，一定要照顧到親人的精神需要，因為精神上的缺乏是無法用物質來彌補的。

在這裡要提醒那些鎮日匆忙的朋友：記得稍微放慢自己的腳步，別因太多的忙碌冷淡了親人和朋友；別因太多的追求淡忘了人生應有的悠閒和享受。要多抽點時間留給自己的父母、愛人、孩子和朋友，與他們一起分享快樂，感受更多的歡樂和滿足！

## 切莫對親人亂發脾氣

對親人亂發脾氣，不僅不能消減自己在外面受到的委屈，反而雪上加霜，且殃及親人，得不償失。

### 「家庭親密綜合症」作怪

一個人生存在社會上，難免會遭到挫折和打擊，自己的情緒也會受到影響。有些人在外面受了氣，回到家對家人便沒有好聲氣，對家人亂發脾氣，鬧得家庭烏煙瘴氣，使得一家人沒有好心情。可能大多數人都有過類似的體驗。

心理學專家認為，這是人際交往中的一條規律，即「家庭親密綜合症」。意思是說在大多數情況下，人們情緒宣洩的對象最容易指向最親近的人。這種現象在夫妻之間、親子之間、兄弟姊妹之間都有可能出現。

為什麼會出現這種現象呢？從心理學的角度分析，這種現象出現的原因有下述幾方面：

第一，因為家對每個人來說都意味著安全、信任和愛，我們彼此都相信對方能理解和包容自己，即使錯了，也認為對方會接受和原諒自己。其實，這正是親人間彼此接受和知心的一種深層次的體現。

第二，你將親人當作了「替罪羊」。當你在工作或生活中遇到不順心的事情，又不敢或不想在上司、同事面前表示不滿時，回到家後，會利用與家人的感情，把心中的火氣全都發洩出來。

第三，有時你認為親人太瞭解你，當你不如意時，面對一個完全清楚你的缺點、失敗的人，你感到自尊心很難維持下去，情緒也變得容易失控。

第四，你希望親人教訓你。可惜，通常他們都容忍你的脾氣，不會過分指責你。

看完上述四個原因，並不代表你對自己的親人亂發脾氣就是合理的行為。相反，時間長了會傷害親人的自尊心，影響與親人之間的關係，使彼此產生一定距離。

因此，當你準備發脾氣時，要學會控制自己，同時也應學會體諒和關懷自己的親人，這樣才能與親人和睦地相處。

## 不要把壞心情帶給親人

俗話說：「家和萬事興。」好心情是家庭幸福美滿、家人身體健康的根本保證。你在外面受了上司或同事的氣，心情難免會糟糕，當你回到家時，要學會調整好自己的心情，將社會與家庭分開來看，將外人與家人分別對待，家人是你的親人，要好好地去愛，千萬不要把自己在外面受的氣對著家人發洩。親人永遠是關心你的，也是一輩子值得你去關心的。

把家人當成出氣筒並沒有任何好處，也許你事業失敗了，也許你股票跌了，也許你工作不順利，讓你很受傷、很痛苦，有時對人生感到厭倦、感到悲觀、感到心情沮喪，這個時候你必須明白，這一切都不是家人造成的，這些只是暫時的困難。千萬不要對著家人出氣，更不要因此打罵家人，讓自己的家庭被烏雲所籠罩。

家是我們一輩子的寄託。也許我們沒有可觀的財富，也許我們沒有位高權重的威勢，但家是我們每個人都可以用心去經營的地方，家是我們每個人心靈回歸的地方。

即使我們在外面受傷了，一個溫馨的家足以治癒我們心靈的創傷。我們有責任給自己一個溫馨的人生寄託，或許你受到了別人的漠視、拋棄和鄙視，但家永遠以博大的胸懷容納著你，家是你最後的一個滋潤地，這時如果失去了家的溫暖，人生就等於失去了很多色彩，變得淒涼不堪。

每個人都需要關愛，每個人都希望有一個溫馨、幸福的家。家庭成員中有人偶爾發一兩回脾氣尚可理解、忍讓，但經常如此，不僅影響別人的情緒，影響家庭氣氛，也會影響家庭穩定。況且，在當今社會，每個人都有一定的壓力，就連小孩也有繁重的學習任務，如果每個人稍不順心都回家亂發脾氣，家豈不變成了硝煙彌漫的「戰場」？所以，人要學會克制自己的脾氣。

有一個脾氣非常暴躁的男孩，一天到晚在家裡發脾氣，特別任性。一天，父親給了他一袋釘子，告訴他，每次當他要發脾氣時，就在後院的籬笆上釘一枚釘子。

第一天，男孩在籬笆上釘了三十七枚釘子。在接下來的幾個星期裡，他學會了控制自己的脾氣，每天釘的釘子也逐漸減少了。他發現，控制脾氣要比在籬笆上釘釘子容易得多。

終於有一天，他一次脾氣都沒有發。於是，父親對他說，如果哪一天一次脾氣也沒發，就再從籬笆上拔下來一枚釘子。

日子一天天地消逝，男孩終於拔出了籬笆上所有的釘子，他非常欣喜地告訴了父親。父親把男孩帶到籬笆邊對他說：「你已經做得很棒了，但是看看籬笆上的這些釘子眼，這面籬笆再也不能恢復到從前的樣子了。當你生氣而出口傷人時，你就會在別人的心裡留下傷口。即使你最後收回了它，傷口仍然存在。因為言語的傷害和肉體上的傷害一樣，都難以恢復。」

當你傷害最親的人時，你可以道歉，但是對親人造成的傷害卻是難以彌補的。如果你愛自己的親人，如果你想要一個溫馨的家，請不要對親人亂發脾氣，不要做傷害親人的事。要知道，家永遠是你最為可靠的避風港，當這個世上沒有一個地方可以容納你時，還有一個家在等待你的歸來，還有一個家可以溫暖你受傷的心靈。

## 對親人的期望不要過高

對親人的期望過高，極易使人產生抱怨心理，失去以往的耐心。很多人總喜歡把希望寄託在他人身上，尤其是妻望夫、父母望子女成龍。假如對方達不到自己的要求，便會大感失望。其實，人各有志，每個人也都有自己的優缺點，何必為難自己、為難親人呢？

### 認清角色，降低標準

世界上，每個人都有一個屬於自己的角色，有時丈夫能做好的事，妻子不一定能做好，有時妻子做得很出色的事，丈夫不一定能完成。角色不同，擅長的事就不同。

如果你不能夠認清身邊人的角色，一味地以高標準去要求他（她），極易使人產生窒息的感覺。只有瞭解角色關係，才可以在相處時更清楚彼此的期望。

**1. 不要對父母的期望過高**

其實你對父母並沒有惡意，恰恰相反，你太愛他們了，所以對他們的期望很高，希望他們理解你，用你所喜歡的方式關心你。然而，不是所有的父母都有資格和能力做孩子精神世界的導師，甚至不是所有的父母都能夠盡自己所能把孩子撫養長大。有時候，他們個性中的自私、貪婪、懦弱和無能，會影響到他們做父母的品質和水準。

因此，千萬不要以高標準要求父母，他們也是普通人，並不會因為生育了一個孩子，自己就理所當然地升格為聖人。父母也會市儈、會狹隘、會無恥、會卑劣，當然，要面對這些，確實是一件不太容易的事。

所以，如果對父母抱有很高的希望，那麼必然就有一個夢想幻滅的過程。有一天你會發現，原來他們不再高大、不再神聖，也弱小、也有煩惱，這才是真正的生活。

你應該降低對父母的高標準要求，學會換一種角度，以一份更成熟的心態來理解父母，把他們看成一個單純的人，而不單單是作為父母來要求。把他們從神聖的父母尊位上請下來，試著用平等的、客觀的、全面的眼光看待他們，如此才能心平氣和地原諒他們曾經的錯誤，使自己不再心懷怨懟。

**2. 不要對孩子的期望過高**

父母都希望自己的孩子強於自己，對孩子往往會抱有很大的期望。合理的、適當的期望能夠激發孩子的學習動力，強化學習動機，激勵孩子通過努力去獲取成功，這一點是無可非議的。

但是，父母總是給孩子設立一些無法達到的標準。例如，希望孩子保持房間非常整潔，希望他們必須把作業做到十全十美。在與他們的交談中，總是流露出他們還沒有盡最大的努力，覺得他們本來可以做得更好。父母對孩子的期望常常超越了孩子本身這個角色所應承受的。

如果對孩子的期望過高，超越了孩子的承受範圍，就會適得其反，給孩子的心理健康造成危害：

(1) 期望過高易引發孩子的成就焦慮。

(2) 力所不及會使孩子喪失自信心。

(3) 無法滿足父母的願望，孩子會產生內疚與自責感。

(4) 不滿父母的過高期望，產生對抗心理。

由此可見，父母的過高期望會給孩子帶來身心方面的危害，影響人格的健康發展，給孩子的成長道路上烙下一個無法磨滅的陰影。

在這種「高壓」環境中，孩子的心理問題自然多。所以父母要認清孩子的角色，調整好自己的期望值，不可隨意拔高。

孩子之間有個體差異之別，每個孩子都有自己的優勢，要客觀地認識孩子，正確地評估孩子，瞭解孩子的個性特點、學習方式、生活習慣。從實際情況出發，客觀而不是主觀、理性而不是感性地去制訂可行性的家庭教育目標，提出切合孩子特點的合理要求，開闢一條適合孩子的發展道路，以便讓孩子經過自己的努力順利達到目標。

**3. 不要對另一半的要求過高**

妻子盼望丈夫飛黃騰達，丈夫期望妻子通情達理，這都是人之常情。但當對方不能滿足自己的期望時，也不必大失所望。每個人都有自己的生活道路，為什麼非要要求別人迎合自己呢？

曾有一位心理學家在研究夫妻關係過程中，提出了一個值得人們特別注意的問題：夫妻間出現的很多矛盾和隔閡，原本不是根本的對立或利益之爭，而是由於對對方期望值過高，現實又達不到期望的要求，從而產生負面情緒的結果。

尤其是女人在結婚前，往往對婚後生活、夫妻感情抱有很高的期望，期望丈夫溫文爾雅、博學多才、機智詼諧。她們相信愛情的國度充滿著取之不盡、用之不竭的快樂，婚姻的陰涼中可以庇護隨心所欲的浪漫。

但是，當走入婚姻這座圍城內，隨著鍋碗瓢盆、柴米油鹽的繁雜，發現現實生活與想像中的婚姻生活有太大的差距，與此同時，會逐漸發現另一半的弱點和不足。於是抱怨、指責、失望隨之而來，耐心也消失得毫無蹤影。

其實弱點人人都會有，沒有什麼值得大驚小怪的。倘若那些弱點和不足無礙大局，那你就閉上一隻眼，不看或少看那些弱點和不足，不要去過分苛求對方。俗話說得好：「結婚以前要睜大雙眼，結婚以後要睜一隻眼閉一隻眼。」

這正如人本主義心理學家所認為的，人們心中都期望得到積極關注；期望得到關照、理解、支持、欣賞和鼓勵，然而現實世界只有先付出才能有回報。對外大家都能夠瞭解這一理論，然而，面對自己的親人就不一樣了。人們認為親人之間應該親密無間，無所不能，因此常常對親人有過高的不切實際的要求，希望越大，失望就越大。一旦得不到，就特別失望，所以就會對親人失去耐心。

## 愛心更需要耐心

你對身邊最親近的人有足夠的耐心嗎？你是否明白愛有時更需要耐心？

愛心可以化解一切，耐心可以成就一切。

### 不要讓「一條小蟲」壞了「整個蘋果」

相信許多人會有這樣的感歎——現代社會與以前相比，越來越浮躁了。遇到困難，缺乏耐心；遭到拒絕，馬上發作；親人再嘮叨幾句，更是無法容忍。生活似乎總是在一遍又一遍地考驗著現代人的耐心。這時，你千萬不要讓「一條小蟲」壞了「整個蘋果」，如果對親人缺乏足夠的耐心，就會給生活留下無可彌補的遺憾。

對待我們身邊最親近的人，只有愛心還不夠，更要有耐心，而且還要善於編織愛心與耐心。愛心好比橫坐標，耐心好比縱坐標，只有認真編織愛心與耐心的座標體系，才能讓自己與身邊最親近的人保持和諧，建立美好幸福的生活。

建忠和阿雅這對上了年紀的夫妻，接受不了現在網路上的新語言，每次看新聞或者上網遇到奇怪的文字與符號時，都要問二十歲的女兒青青。不過當青青告訴他們後，他們總是記不住，認為網路用語實在是太五花八門了。

一天中午，青青需要在電腦裡 Key 一篇文章，不巧那天她剛好有事，於是，青青的母親自告奮勇地說要幫她 Key 文章。她知道母親打字的速度很慢，但她沒有多餘的時間，只能先這樣安排了。

一個小時過後，母親才打了兩百多個字，連文章的五分之一都不到。青青眼看時間不夠用了，就急得要命：「哎，媽，怎麼才打這麼一點點？我對妳太失望了。」青青生氣地推開母親，坐在電腦前劈里啪啦打起字來，母親不知所措地站在她的身邊。

這時一向寵愛青青的父親說：「青青，妳翅膀硬了，看不起父母了？妳小時候，從0到10妳媽就教了妳一個星期；妳媽還用一個月的時間教妳學騎自行車；學跳繩，妳媽更是教了妳一個冬天……現在，妳覺得自己很了不起了，是嗎？」

父親的話如當頭棒喝將青青敲醒了。的確，父親說的事情件件屬實，她記憶猶新。小時候父母教她的畫面歷歷在目，現在，她卻不能以相同的耐心對待父母。自己能展翅翱翔了，卻忘了最初教自己飛翔的人。這能不令親人傷心嗎？

通過這則故事我們可以明白，每個人都需要愛，但愛更需要耐心。無論什麼時候，親人最需要的是我們的耐心對待！

## 留一份耐心給親人

當你在工作中遇到了不順心的事，或是心理進入低潮期感覺鬱悶時，當你在十字路口徘徊、猶豫不決時，當你想為一件事情做決定時，你或許不會對家人說，你會找你的戀人、好友訴說。但是，當你的家人遇上同樣問題想對你傾訴時，請留一份耐心給家人，聽聽他（她）的訴說。

哪怕再囉嗦、再嘮叨，哪怕你實在聽不下去，哪怕你心裡認為這人怎麼那麼笨、那麼沒主見，也請你壓住自己的煩躁，因為，你是家庭中的重要一員，對家庭的每個成員你都應充滿耐心與責任感。

如果你不願意聽家人訴說，每次一與你說事情，你就顯得煩躁、一點耐心都沒有，那麼下次誰還願意和你聊心事？誰還願意把事情與你商量？換位思考，無論怎樣，請留一份耐心給自己的家人，這就等於為家鋪了一條出路。看完下面這則故事，或許你就會明白。

一次，一個中年男人與同學約好第二天舉辦小學同學會，為此，他特地去街上買了一條新褲子。

當他把褲子拿回家後，卻發覺長了十公分，於是請母親替他改一改。母親說身體不舒服，想早些休息，今晚不想改。於是他又請太太幫忙改一下。太太說，還有許多家事沒做，今晚沒有時間改。於是他請女兒替他改。女兒說，今晚約朋友一起去跳舞，沒有時間改。

他一想，既然沒有人願意幫忙，明天就穿著舊褲子去見同學吧！

當天晚上，他母親心想：「兒子平時對我那麼好，他開口要求，我怎麼能拒絕他呢。」於是，母親起來替兒子把長褲改了一下，剪短了十公分。

他太太稍晚做完家事後，心想：「老公平時很有耐心，今天他是不會縫針線才開口要求，我不應該拒絕他。」於是，太太便替先生改長褲，剪短了十公分。

他女兒晚上回來，想著：「爸爸不阻止我去跳舞，說明他很理解我，今天我應該替他修改長褲。」於是，女兒替爸爸改了長褲，剪短了十公分。

第二天早上，三個女人分別把改褲子的事告訴了男主人。

他一試長褲，已經變成吊腳褲了。他隨之哈哈一笑，說：「我一定要穿去給同學看，告訴他們，我的母親、太太和女兒對我有多好！」

結果，在同學會上，同學們一致稱讚他家庭經營成功。他的母親、太太和女兒也都很高興。

生活中，懂得用耐心等待孩子的成長，也許你等來的就是成功；對另一半多點耐心，各讓一步或折中，愛情還是可以繼續，生活也可以照常甜美；對父母多點耐心，能讓親情變得更濃。

耐心和愛心是生活幸福永恆的金鑰匙，每個追求幸福的人都不應忽略它。只要學會使用它，每個人都可以體會到親情的無限溫暖。

# 第三章
# 別把尖銳的矛頭指向親人

親人之間的關係，有時候就像是最熟悉的陌生人，彼此瞭解到幾乎透徹了卻總不能坦然接受，抱怨著找不到相似點，總是尖銳地挑剔對方的難堪，彷彿任何一個外人都能夠輕易替代對方的地位。也許就是因為關係太過於親近了，於是潛意識中便認為對方可以包容自己的一切。

# 自卑感，不能肯定自己

人類最大的不幸，就是自己否定自己，自己糟蹋自己，自己奴役自己。

不要因為自卑而去傷害別人，這樣只會使自己變得一無所有！

## 自卑的產生原因及危害

從心理學角度講，自卑屬於性格上的缺點。這種人通常對自己的才能、特質等做出低於實際水準的評價和估計。或者說，自卑是一種看不起自己的悲觀心態，這種心態不僅表現在人們的日常生活中，在職場上也很常見。

總是遭遇挫折和失敗，是產生自卑心理的根本原因。一個人經常遭到挫折和失敗，其自信心就會日益減弱，自卑感就會日益加重。自卑的產生會淹沒一個人的全部自信，本來有足夠的能力去完成學業或工作任務，卻因懷疑自己而失敗。恐懼、傷心、難過等各種複雜的情緒交織於內心，紛亂糾結，於是影響到了生活和工作，給人的心理、生活帶來許多不良影響。

與自卑有關的不合理信念主要有以下幾種：

1. 我很無能，別人肯定看不起我。
2. 我長相一般，自然沒有人會喜歡我。
3. 和別人相比，我簡直毫無可取之處。
4. 像我這樣的人，做什麼都不會成功。

可以說，自卑潛藏在每個人的潛意識裡，即便對親人、親友也是如此，只要一跟人發生互動、交往關係，不是戰戰兢兢地感受別人如何看待「我」，隨時隨地把自己武裝起來，就是先下手為強，來個先發制人。那種動輒暴怒或氣勢凌人者最為典型，只要觸動了他們最脆弱的自卑神經，極力反彈以保護自己的自尊就成了一種本能。

自卑的人，總是自己輕視自己，自己看不起自己。自卑的人，情緒低落、鬱鬱寡歡，常因害怕別人看不起自己而不願意與人往來，缺少知心朋友、顧影自憐，甚至自疚、自責、自罪。

自卑的人，總是哀歎事事不順心，總拿自己的弱點比別人的強處，越比越氣餒，甚至比到自己無立足之地。有的人一與別人接觸就面紅耳赤，說不出話；有的人一遇上重要的會面就口吃結巴；有的人認為大家都欺負自己，因而對他人產生厭惡心理。

極端的自卑者往往會事事追求完美，但又無法接受現實和完美的差距，於是當事物以最真實的面目展現在他（她）面前時，自卑的心靈就會發出碎裂的聲音。可以這樣來比喻，極端思維就像是一雙調皮的大手，它遮蔽了我們的眼睛，進而奪走了我們的整個世界。當一個人陷入到極端思維中，就會缺乏對世界正確的理解，並且對自己和身邊最親的人要求十分苛刻。

自卑的人還有一個特點，就是亂發脾氣，有時還會做出某些出人意料的極端行動：傷害他人的犯罪或傷害自己的自殺。由此可見，若對自卑感處置不妥，無法解脫，將會使人消沉，易走上歪路。

## 不要因為自卑去傷害最親的人

自卑者往往有生活理想和目標，但他們在遭到挫折時，易對自己及親人產生不滿，有時還會做出一些極端行為。

露露因為家庭暴力離婚已經五年了，她心底充滿了深深的自卑感。每時每刻都感覺別人在背後笑她，她在心裡想：「不要給我機會，否則我一定整倒所有笑我的人。」

於是她開始莫名其妙地投入一場無休止地報復中，遠離親人、遠離朋友、遠離所有愛她的人。看到因為自己的干涉而讓別人在痛苦中抽搐，她心中有股說不出的痛快，可是當別人堅強地挺過難關並向她投來鄙夷的目光時，她又一次次地失落，然後將仇恨轉移到別人身上……就這樣，她不可自拔地將自己的快樂一次次建立在別人的痛苦上，傷害著身邊所有的人。

生活中，我們應該避免這種事情發生。即使你是一個自卑的人，也不應用自卑去傷害他人，因為這樣做最終會使自己一無所有。

自卑其實並不可怕，只要運用正確的心理調適，經過一段時間的練習，往往可以輕易走出自卑的禁錮。當然，只有你真正意識到自卑已經對正常的生活造成了影響，並試圖謀求做出一些改變的時候，這一切才會出現真正的轉機。

有些人雖然存在生理缺陷，但並不悲觀絕望；有些人五官端正，相貌堂堂，卻不喜歡自己；有些人並沒有多少財產，卻知足常樂；有些人有錢有勢，卻厭倦了生活。其實，生活中的每個人都有自己的優點。當你敢於肯定自己，努力讓這些優點在別人面前展現時，就會對自己多一份信心。

以下介紹一些克服自卑的方法：

**1. 正確表現自己**

自卑的人總是懷疑自己的能力，明明是通過自己的努力可以完成的事，往往由於自卑而輕易放棄。對此，我們不妨在日常生活、工作中，多做一些力所能及、把握性較大的事情，抓住每一個成功的機會，多些愉快的情感體驗，就會使自己的信心得到逐步強化。

**2. 不追求「十全十美」**

對自己設定高標準、嚴格要求沒有錯，但期望值過高就很難滿足，從而使自己變得自卑，陷入痛苦、煩惱中。世界上本不存在十全十美的人和事，處處追求完美，只會給自己設置障礙，終日生活在焦慮、緊張、忐忑不安中。正確的做法是，合理調整自己的期望值，不要跟自己過不去。

### 3. 適度宣洩自己

自卑是一種影響心理健康的不良情緒，長期下去必將使心靈閉鎖、情感壓抑，容易對身邊最親近的人造成傷害。我們應該尋求適當的途徑進行宣洩，比如可以找家人、朋友、心理醫生傾訴一番；或者找個安靜的地方大聲哭出來。這樣，就會使內心產生一種從未有過的輕鬆感。

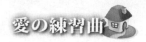

## 抱怨，放任自己的情緒

抱怨者通常是以「自己才是正確的」面貌出現，把矛頭直指對方，或不實事求是，以偏概全……抱怨者通常口氣生硬，只管自己一吐為快，不看對方心理心境，這樣一來，當然就會引起矛盾。

### 不要過分指責對方

夫妻之間相處，產生矛盾是不可避免的，而矛盾的源頭常常是由一方的抱怨引起的。人們常說，夫妻之間的相處應該是坦誠與體諒，如果要做一個完美的配偶，就要記住以下名言：

對對方多一些信任和接納，給予空間，並以行動表示諒解；應該多多包容，多多忍耐，多多欣賞，要少批評，少抱怨。

幸福的家庭總是相同的，不幸的家庭則各有各的原因。想使家庭幸福，就要在雙方出現問題時，多多檢討自身的過錯，步伐快的拉對方一把，步伐慢的努力追上去，這樣也許就可以繼續前進了。

永遠不要抱怨對方、要求對方。要多想想自己應該怎麼做，有時對方做得不夠好，或許是有原因的，或者是個性使然，有時是因為工作太忙。有些事今天沒有做，明天也還能做，在相處的時候，盡可能做到不指責對方，不要急於求成。如果你經常抱怨、要求對方，那麼你的家庭就會因此而不幸。

感情是兩人共同經營的，所以雙方都應當要求自己多付出，而不是抱怨、指責，當然也不應該為了自己的付出而委屈，你應該知道，為你愛的人所做的付出是幸福的。夫妻間就應該互相支持與體諒，而不是一味地抱怨。

家庭是每一個人的心靈港灣，只有先把家庭經營好了，才能很好地應對生活。

歌劇男高音歌唱家真．皮爾士與太太的婚姻差不多有五十年之久了。他曾說：「我太太和我在很久以前就訂下了協議，不論我們對對方如何地憤怒不滿，我們都一直遵守著這項協議。這項協議是：當一個人大吼的時候，另一個人就應該靜聽──因為當兩個人都大吼的時候，就沒有溝通可言了，有的只是噪音和震動。」

格來斯東夫婦共同生活六十年，這段時間他們擁有持久的相互忠誠。格來斯東在公眾場所是一個令人害怕的敵手，但是他在家中卻從未指責過人。當他清晨下樓吃早餐時，發現其他人都還在睡覺，他會用一種溫柔的方法表示他的責備，並提醒別人：英國最忙的人，獨自在樓下等候他的早餐。他很有外交手段，懂得理解他人，他會竭力避免家庭中發生指責。

是的，正因為每個家庭都無法避免矛盾，所以才需要理解與體諒，而不是抱怨與指責。如果哪個家庭中出現了不和睦，十個有九個肯定是夫妻雙方不斷指責對方、互相挑剔。所以，一對聰明的夫妻絕不會整天嘮叨對方的不是，而是不斷誇獎對方的優點，讓對方在不知不覺中改變自己。

## 少點抱怨，多點開心

人無完人，每個人都有優點與缺點。當一個人在某方面表現得很出類拔萃時，我們就會欽佩他和喜歡他，而對於他人的短處，人們往往會給予指責。因此，使得越來越多的人產生矛盾。

生活中，夫妻之間的矛盾是最為明顯的，常常弄得雙方不愉快，甚至關係緊張。如以下實例：

一、假日裡，丈夫主動幫妻子洗衣服，這本是件好事，可妻子並不十分滿意，抱怨說：「你是怎麼洗衣服的，領子都沒有洗乾淨。你看，晾衣服也晾得皺巴巴的。叫你幫忙，就是越幫越忙。你呀，做起家事來總是漫不經心……」

丈夫本來心情不錯，可是幹了活還被埋怨，不免心裡來氣，他把衣服一扔說：「好好，我洗不了，妳自己來吧！」起身出門去了。

二、丈夫正在屋裡趕寫一份報告，急著要交差，妻子下班回來見他還坐在屋裡，飯也沒有做，於是她一面動手洗菜做飯，一面抱怨道：「就你工作重要，連飯也不做，太不像話了。你就是懶，不想做家事。你那麼賣力，上司也沒提拔你，還是個小職員！現在誰像你這樣賣命！」

丈夫的思路被打亂寫不下去，心裡不高興，高聲說：「妳有完沒有完？一進門就唸個不停！」聽了這話，妻子更是不滿，說：「你不做事，別人唸兩句不行嗎？」你一句我一句，兩個人就這樣吵了起來。

對於現實生活中的嘮叨與抱怨者，應該如何去改掉這些不好的毛病呢？

**1. 多想想對方的心情和需要**

很多時候，應換個角度看問題，為其設身處地想一想，就可能得出不同的結論。打消抱怨的念頭不僅能跳出個人的小圈子，多看到一些積極的因素，多一分理解，當然也就會少一分怨言。

**2. 多想想自己應承擔的責任**

家庭矛盾大都與夫妻雙方有直接關係，一旦出現問題，責任不可能都在一個人身上。所以遇到事情時，不應把矛頭指向對方，首先應檢討自己，看自己在這件事情上該擔負多少責任，哪怕就是一點責任也要主動承擔。因為認識到自己的責任，也就不會過多地抱怨對方了。

**3. 多想想家庭關係的大局**

愛嘮叨的人在考慮事情時總是比較簡單，他們心直口快，只管自己抱怨，並不想嘮叨可能帶來的不良後果，日積月累便積習難改了。對此，就應吃一塹，長一智，多向前看，少向後看，就會自覺放棄那種並不起好作用，只會起壞作用的抱怨方式，代之以巧妙地表達自己意見的方法，以追求理想的表達效果。

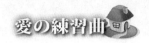

## 學會糊塗一點

你是否知道，「糊塗」有時候也是一種大智慧？你能與別人變通，為什麼不能與親人變通呢？

### 小事糊塗大事明

糊塗，不是自我欺騙或自我麻醉，而是有意糊塗，容可容之事；明，是在原則性的問題上絕不姑息養奸，這就是大智若愚，也是人生的最高修養。很多人都明白這個道理，卻與自己的親人做不到這種有意的糊塗。

人生路上的交叉口數不勝數，但是卻有著大小輕重之分。對一些小事，不斤斤計較，該糊塗時要糊塗，不要總是顧忌自己的面子、自己的學識、自己的地位。當然，該聰明時則要聰明，由聰明轉為糊塗則必不為煩惱所困，不為小事所累，這樣才會幸福、快樂，才會有成功的人生。你對別人可以做到如此，為什麼不能與親人也這樣呢？

在中國大陸有一種酒叫「小糊塗仙」，酒名可謂富含哲理。這裡的「小糊塗仙」就是要人們學會忍讓、謙讓，小事糊塗大事明，才能進入善緣多多、諸事吉祥的人生仙境。生活中只要你用心發現，用心去感受，你就會明白其中的真理。當然「小事糊塗」絕非讓人事事糊塗，處處糊塗。若在大是大非面前不分青紅皂白，不講原則性，那就真的成糊塗蟲了。

像是丈夫刻意隱瞞行蹤，最後卻被妻子發現時，他會說：「因為怕妳操心，所以不敢告訴妳。」當丈夫不小心撒了謊，最後卻被拆穿時，他會辯解：「妳平日疑心病那麼重，為了不想和妳發生不必要的爭執，我才會那麼說的。」當丈夫編織了一個藉口，最後卻被識破時，他會說：「其實那是無關緊要的事，何必解釋那麼清楚，還浪費妳的時間。」其實，耳聰目明的妻子大可不必刻意去揭穿他，更不用和他拚命，就算妻子洞悉一切，仍然可以傻傻地笑著說：「我只是擔心你。」言下之意就是：「我知道，但我不打算計較。」

特別是有別人在場的時候，妳給他留足了面子，他一定會心存感激，感激妳的寬容；不要總想著要把所有的事探究個一清二楚，就算妳天生有一雙火眼金睛，世事洞明，到頭來傷了的不僅僅是眼睛，還會連累婚姻。只要把握住婚姻生活的大方向，不偏離正常的軌道，不偏離道德的航線，在小事上不計較那麼多，幸福就會離妳越來越近。

夫妻之間應該學會寬容和諒解，「糊塗」是一種修養，一種胸懷，更何況家庭生活中又有多少一定要論出是非曲直的大事呢？

## 聰明的女人會「裝傻」

裝傻是一種策略，也是一門很深的學問，貌似不聰明，實則心底澄明，既有隔岸觀火的冷靜，又有霧裡看花的迷離。如果妳懂得在愛情裡裝傻，那麼妳一定是個能夠將生活各方面都經營得很優秀的人。

但是這裡說的「裝傻」，並不是讓妳忍氣吞聲，而是換一種思維方式，把生活中的小事模糊處理。

其實自以為聰明的女人，反而比較不容易得到幸福，因為她把一切都看得太透、太懂，所有事情在她眼裡並不是那麼簡單。如果一個人想事情太複雜的話，她一定不快樂！會「裝傻」的女人才是真正聰明的女人，這裡的「裝傻」可以理解成為一種撒嬌，也可以理解為一種為人處世的伎倆，能裝出水準的女人，才能更幸福。

王麗是一個標準的女強人，雖然結婚後放棄了事業，在家養育孩子，但她依然表現出強悍的一面。她利用閒暇時間自學MBA課程，丈夫的老闆有時來她家裡跟丈夫商量生意上的事，王麗也常常會忘情地加入討論，搶盡丈夫的話。

等孩子稍大了一點後，她又重新回到職場，與丈夫在同一家公司工作，而且還是丈夫的上司，丈夫在她面前只能唯唯諾諾。在家裡，丈夫主動幫王麗分擔了大部分家務，可她回家還常常要對丈夫指手畫腳，面對妻子如此的行徑，丈夫產生了離婚的念頭。

男人似乎都不太喜歡聰明的女人，即使迫不得已從嘴裡說出，心裡卻大不自在，男人更不喜歡甚至是討厭女人用她那雙聰明的眸子來審視自己。

有男人這樣說過：「當聰明男人遇上聰明女人，結果等於戰爭；當傻男人遇上聰明女人，結果等於緋聞；當聰明男人遇上傻女人，結果很大可能就是結婚。」男人都喜歡「笨」一點兒的女人，因為在聰明的女人面前，他們會覺得自己無所適從，好像所有弱點都要攤在陽光下。而「笨」女人時時刻刻都用崇拜的眼光看著男人，把面子給足了，讓他們感覺自己男人味十足。由此看來，女人的「傻氣」的確奧妙無窮。

真正聰明且有智慧的人，從來不顯山不露水，只有那種滿腹小聰明的人，才會飛揚跋扈、肆無忌憚地賣弄。聰明的人，把聰明當作自己的秘密武器，不到關鍵時刻，不會輕易拿出來。

自以為聰明的女人其實並不聰明，真正聰明的女人，該糊塗的時候即使不糊塗也裝糊塗，該聰明的時候才表現自己的精明能幹。她們不會把所有的事探究個一清二楚，就算能理解男人在說什麼，也永遠不會表現出比他懂得更多、看得更遠；能看到他的錯誤，卻永遠不會當面直斥其非、指摘正誤。聰明的女人總會找個台階幫他下，巧妙地轉換話題……因此，她們總是幸福無比。

## 說話要注意語氣

溫和與讚美的話能夠營造出友善的氣氛，讓對方知道你並非是在攻擊他，這對於一般人而言，似乎都可以做到，但他們往往對自己的親人卻做不到這一點。

### 委婉的妙用

委婉是說話時的一種修辭方法，即講話時不直述其本意，而是用委婉的方法加以烘托或暗示，讓他人通過自己的思維得出結果，從中揣摩出深刻的道理。因為大家都不喜歡聽到別人對自己說：「你要做這個、你要做那個！」或是「不要做這個、不要做那個！」如果換作：「你是否可以考慮這樣？」或「你認為，這樣做可以嗎？」或「也許這樣做，會比較好一點。」之類的語氣，事情也就相對容易得多。但在與親人相處時，你是否常用這種委婉的語氣？

用委婉的語氣代替肯定、命令的語氣，其實也就是告訴人——不要太直接。含蓄委婉地指出他人的過錯，必能激發起他人的羞愧之心並使之心存感激，從而使其在以後的生活中積極努力糾正自己的過失。

但同樣的錯誤發生在親人身上，你「恨鐵不成鋼」的心理就會激發你的情緒，從而使你說話的語氣變得強硬。殊不知，無論是外人還是親人，都需要維持自己的自尊，使他認識到你的用心良苦，然後做得更好。

法國作家拉封丹曾寫過這樣一則寓言：北風和南風比威力，看誰能把行人身上的大衣脫掉。北風吹出來的風寒冷刺骨，結果行人為了抵禦北風的侵襲，把大衣裹得緊緊的。南風則徐徐吹動，輕柔溫暖，頓時風和日麗，行人因之覺得春暖上身，始而解開紐扣，繼而脫掉大衣，南風獲得了勝利。

同樣是吹風，南風之所以能達到目的，就是因為其順應了人們的內在需要，使人的行為變為自覺。這種方法可以啟發自我反省、滿足自我需要而產生的心理反應，這就是「南風效應」這一社會心理學名詞的出處。

人人都希望自己的親人能如自己的心意，但如果你用命令的語氣對他們講話，不僅不易如願，甚至有可能朝相反的方向發展，所以與親人說話時，要比和外人說話更注意方法和策略。

在指出對方錯誤的時候，不妨套用「南風效應」。首先要瞭解對方的個性特點，採取符合他人實際和需要的批評方式，批評別人時要人性化，語氣盡量委婉含蓄，要在尊重他人的人格和自信心上指出錯誤，相信每個人都有一顆向上、向善的心。

在批評別人時你或許懂得用委婉含蓄的語氣，但在親人面前，你是否也能用委婉的語氣更好地讓他們接受你的建議呢？

## 批評也講技巧

在與親人交流的時候，要注意自己的語氣，不要過於生硬，說話的時候要平心靜氣，不要焦躁、不要發脾氣，不然會適得其反。

批評人時要巧用技巧，以疑問句的方式而不是肯定的方式提出，易於轉入實質性問題；即使對方一時還接受不了，也不傷雙方的和氣，更不至於會令對方難堪、丟臉。因此，出於善意友好的批評，不同於尖刻的諷刺、嘲弄，這些都是由批評者的出發點及態度所決定的。批評時，以疑問句開始，注意語言、形象生動、深入淺出，這是都是批評者應該留心的。

一般來說，在對他人展開批評時，受批評者的心理常會處於緊張、壓抑的狀態，特別是在上級批評下級、長輩批評晚輩的時候，這種現象更為突出。他們或表現為焦慮、恐懼，或表現為對立、抗拒，或表現為沮喪、洩氣……這些不正常的心理狀態成為雙方交流思想感情的心理障礙，大大降低了批評的實際效果。

如果能掌握好批評的語言，巧用幽默或委婉的方式，批評者含笑談真理、講道理，被批評者也會在笑聲中微微紅臉，從內心深處認識到自己的錯誤，受到的是觸動而非刺激，會心情愉快地接受建言，豈不兩全其美？

那麼，該如何批評比較恰當呢？

**1. 要尊重，不要不分場合地批評**

每個人都有自尊心，批評盡量不要在大庭廣眾之下，這樣可以減輕對方的心理壓力，為他的「知錯」打好基礎。

**2. 心平氣和，用語恰當**

對待犯了錯誤的人，一定要心平氣和，以情感人，以理服人，千萬不要以氣勢壓人。在語言的運用上要講究技巧，不可過於苛刻、囉嗦、重複，應該有針對性，符合實際，說得有理、精要。

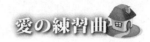

## 珍惜眼前幸福的生活

如果一個人懂得珍惜，他就會發現他獲得的越來越多，如果一個人只知道一味地追求，那麼他失去的也會越來越快。

### 珍惜你的另一半

有些人只有在擁有一隻鞋子的時候，才會明白失去另一隻鞋子的滋味，人們總是覺得失去的東西是最好的，消逝的戀情總是刻骨銘心的，珍惜或放下，其實都是生命中必經的過程。相愛時需要真誠，爭執時需要瞭解與溝通，生氣時需要冷靜和控制，愉快時需要分享，指責時需要諒解，相處時需要包容，只有懂得包容的人才能得到幸福。

現實生活中，沒有任何一個事物是完美的，愛情亦是如此。愛情只要合理就行，不要相信有完美的愛情，你只要知道，彼此有缺點，有一種純樸的可愛就足夠了。

在日復一日的相處中、在那些雞毛蒜皮小事的摩擦中，很多人都會漸漸淡化了當初戀愛時的浪漫與激情，也偏離了完美的想像，於是有些人在愛情中迷失了自己的方向。尋根究底，多數原因都是一些不起眼的芝麻綠豆小事被複雜化了，從而導致感情的破裂。

在每個人的生命中，擦肩而過的人有千千萬萬，與其眾裡尋求千百回，不如疼惜眼前真情人。很多時候，幸福就在我們身邊，只是我們不懂得珍惜，不善於發現。兩個人的世界有甜有苦，這時不妨包容下對方的缺點，別總把矛頭指向對方。過日子，要糊塗些、厚道些、寬容些。既然有愛，那就要包容，包容他的缺點和不足，包容他的幼稚和可笑。

你與外人懂得不斤斤計較，甚至可以站在對方的角度想問題，為什麼就不能理解一下你的另一半呢？常言道：「我們不能改變別人，但我們可以改變自己；我們不能改變生活，但我們可以改變心情。」試著用自己的真情感動對方，不管什麼時候都不要輕言放棄。我們應懂得知足，不要妄想得到世間所有美好的東西，得不到的不一定就是好的，就算得到了的也不一定是最好的。要把握眼前的幸福，珍惜眼前的幸福，不要等到失去的時候再後悔莫及。

如果你現在正擁有一段感情，你一定要好好對待，好好珍惜！兩個人走到一起不容易，佛家有言：「前世五百年才修來今世的緣分。」好好珍惜這來之不易的緣分吧！不要讓幸福從自己的指間溜走。要知道每一株玫瑰都有刺，正如每一個人的性格中都有你不能容忍的部分。愛護一朵玫瑰，並不是非得努力把它的刺拔除，而是學習如何不被它的刺刺傷，包括如何不讓自己的刺刺傷心愛的人。

## 不完美才結伴而行

在處理愛情的時候，要懂得人無完人，正因為如此，兩個人才需要結伴而行，相互溫暖。彼此不妨抱著一顆聰明糊塗心，不要總是把矛頭指向對方。世界上出色的男女有很多，但是真正屬於你的感情只有一份。千萬不要因為別人的眼光而改變自己的摯愛，也不要因此而失去了自己。

有個女孩子和一位才貌雙全的男教師相戀，最後步入禮堂，他們有著共同的愛好和志向，常常在狄金森、拜倫、馬雅可夫斯基的詩行中一起行走。空閒的日子裡，他們共同研讀詩文，四處遊覽，到大自然中捕捉靈感，感情也隨著日子的流逝而不斷升溫。然而有一天，她突然覺得他的詩缺乏開闊的意境，缺乏人情味，一道陰影射入她的心中。以後的日子裡，她越發覺得他「心胸狹隘，不會關心人，體諒人」，心漸漸冷了下來，最後想到要和他離婚。

這位男教師意識到了女方的變化，卻沒有急於表態，而是暫時離開了她，去偏遠山區支援文教建設。半年後他們見面，都發現對方更具有魅力，變得更完美了。他們重歸於好，而且彼此愛得更熾熱、更深沉。

在每天循環往復的生活中，夫妻之間發生偶爾的不快和衝突是在所難免的。因為夫與妻本來就是矛與盾，因此就少不了磕磕碰碰，也正是因為這種不完美，才需要兩人結伴而行。不吵架的夫妻如果不是恩愛極深，那就是「相敬如冰」。

現實中的感情不是夢想，正如一個笑話裡說的：「如果有誰認為世界上有十全十美的愛情，那麼這個人不是詩人就是白癡。」每個人都應該用心守候著雖非十全十美，但卻屬於自己的愛情。

對於夫妻吵架的平息，需要有一種克制、理性的態度，也需要有一個大度、寬容的胸懷，還要有一些解決衝突、走向平和的辦法。當另一半發火時，用你的真誠來平息對方的怒火，就會化干戈為玉帛，重新體會到愛人的關懷。

## 你是否在給對方找難堪

人人都有自尊心和虛榮感，甚至連乞丐都不願受嗟來之食，因為太傷自尊、太沒面子，更何況是親人、朋友、同事。但很多人卻總愛掃別人的面子——在眾人面前使其親人的面子難保，以致當場撕破臉皮，因小失大。

### 樹要皮，人要臉

「面子」在任何社會中都存在。俗話說：「人要臉，樹要皮。」「臉」在一般人心中佔有極為尊貴的地位。給了面子，就是尊重了人格；掃了面子，就是侵犯了尊嚴。因此，大家向來很重視面子問題。著名詩人柳亞子吟詩作文，很受人們的欣賞，他的書法流暢奔放，一瀉千里，但卻很潦草，甚至不易被人所識。書畫家辛壺不直說柳亞子先生的字跡潦草，卻委婉地說柳亞子先生的字是「意到筆不到」，含蓄、風趣，使柳亞子先生極為佩服。

在外交上，委婉含蓄的語言往往更意蘊深刻。婉言，不僅可以給對方一個台階下，避免形成僵局，還能夠巧妙地表情達意，既能讓對方聽出弦外之音，又不傷彼此和氣，我們何樂而不為呢？

面子是每個人尊嚴的重要外部表現，任何人都沒有權利去貶抑或傷害他人的自尊，保住他人的面子，在有些情況下的確是非常重要的。生活中，如果忽略了這一點，我們就會殘酷謀殺他人的感覺而又自以為是。我們在很多人面前批評一個人，指出他的差錯，發出威脅，甚至不去考慮別人的自尊是否受到了傷害。如果我們所做的是對的，別人是錯的，我們也會因為讓對方丟了臉面而毀了他的自我形象。

傳奇性的法國飛行先鋒和作家安托安娜·德·聖蘇荷依說過：「我沒有權利去做或說任何事去貶抑一個人的自尊。重要的並不是我覺得他怎麼樣，而是他覺得他自己如何，傷害他人的自尊是一種罪行。」

在公共場合，人人都是比較注意面子的，給別人面子，也是給自己掙面子。每個人都有自己的臉皮觀念，這關係到自己的尊嚴和地位。面對失敗者或是弱勢群體，我們卻很少想到這一點。源於自己的優越，我們常常無情地不顧別人的面子，傷害了別人的自尊心，抹殺了別人的感情，卻又自以為是。捫心自問，這種心理是多麼淺薄，心胸是多麼狹窄啊！

## 巧給他人留面子

我們要學會保住他人的面子。真正偉大的人，都善於給失敗者留面子，絕不會浪費時間去陶醉於個人的勝利。如果在指出一個人的錯誤時，無情地傷害了別人的自尊，這樣就很容易抹殺與對方之間原有的深厚感情。如果這樣做，你將得不償失。

華納梅克是費城一家大商店的經理。有一次他到商店去巡視，看到一位顧客在櫃檯前站了很長的時間，卻沒有一個服務員去為她服務，那些服務員都擠在櫃檯的一個角落裡聊天，有說有笑的，把顧客丟在一邊。

華納梅克看到這種情況後，並沒有大聲責罵服務員們沒長眼睛，不為顧客服務，而是自己悄悄地走進了櫃檯，親自接待那位顧客，一聲不吭地把顧客要買的東西交給了售貨員去包裝，他做完這些後便離開了商店。

但故事並沒有結束，後來這些只顧自己說笑的店員，改正了他們的錯誤。因為他們的上司在提醒他們的錯誤時，還讓他們保住了自己的面子，所以他們也給上司面子，把自己的工作做得更好。

社會中不少人以「直來直往」為美德，感覺這樣才是真性情，即使因言語不當而產生矛盾，他們也以「我就是心直口快，不會拐彎抹角」為理由替自己開脫。殊不知這「心直」固然可嘉，但「口快」卻未必值得稱道。如果我們能夠區別不同情況，該直說的時候直說，該糊塗的時候糊塗，該婉言的時候婉言，那樣，不但可以消除許多不必要的煩惱，還可以化干戈為玉帛，增進友誼和團結。

說話要懂得給自己留後路，聰明人在與人交往的過程中，從來不會把話說死、說絕，說得自己毫無退路可走。例如：「我永遠不會辦你所搞砸的那些愚事！」、「誰像你那麼不開竅，要是我幾分鐘就做完了。」……這樣絕對的斷言顯然是極不給人面子的一種表現。

如此種種，估計誰聽了都不會痛快，每個人都愛惜自己的面子。所以，請運用你的智慧和耐心，多繞幾條道吧！

# 第四章

# 體諒，創造好氛圍

同樣一件事，如果發生在外人身上，我們可能不在意；但如果發生在親人身上，就可能使我們變得情緒激動。這至少說明了兩點：一是對親人的期望遠遠高於外人，二是我們更在意與外人的關係是否處理得恰當。我們與親人相處，是否該多一點體諒，少一點這種「偏心眼」的情況，以減少不必要的摩擦？

## 別總對親人發洩情緒

任何人都會面臨壓力，壓力來自多方面：有可能是學習的，也有可能是工作的，甚至是婚姻、家庭等方面的，但很多人為了宣洩這種壓力，不惜去傷害自己最親的人。

### 壞脾氣為什麼讓親人領教？

生活在這個快節奏的社會裡，每個人無時無刻不在面臨著生存的壓力，久而久之這種壓力就會形成一種可怕的情緒，以至於很多人用暴力的情緒來發洩生活中的種種壓力與不滿，但你是否發現，這些人宣洩的對象往往是與自己最親近的人。

當我們不高興或情緒低落的時候，難免會把這種情緒發洩出來，讓自己好受一點，通常情況下承受者就是我們最愛的人。因為最親近的人始終在我們背後無條件地支持著我們。但仔細想想，最親的人應該就是自己最在乎的人，那又怎麼捨得對自己的親人發洩暴力的情緒呢？

有人說，之所以對最親、最近的人發洩情緒，完全是出於在乎，因為只有在親人面前，才會毫無保留地展現自己；也有人說，因為發洩完之後，親人是不可能回報自己這種不良情緒的，所以不會擔心後果。

可見無論是哪種說法，其共同的點都是——知道對方是自己的親人，是永遠會對自己好的人。生活中，尤其是那些青少年，對自己的學習與工作本身就有很大的壓力，再加上一點不順心，他們總會把這種不順心發洩到親人的身上，而在外人面前卻總能將自己的不良情緒抑制得很好。

有些人因為自己的另一半脾氣不好而苦惱著，甚至因此導致他們婚姻破裂。

可是也有不少家庭，夫婦一方或雙方脾氣都不好，夫妻關係卻很和諧、美滿，似乎壞脾氣並沒有對他們產生多大影響。這是為什麼？

其實，沒有什麼訣竅，關鍵是他們懂得只有親人才會對自己發脾氣，那才是最真實的彼此。因為發脾氣者總會明白是對方包容了自己，這份恩愛自然會因此而加深。

愛由緣起，亦由緣去。夫妻之間，因愛而彼此傷害的事例在現實中有很多，卻不知道愛情的天敵就是時間和歲月，要想得到真正永恆的愛情，就必須戰勝時間和歲月，這其中需要你的寬容而不是占有，需要的是忍耐而不是一味的要求。

親情、友情與愛情都是神聖的。所以在與親人相處時，不要老是充滿了怨氣和滿腹的牢騷，在說話之前一定要經過大腦：為什麼要這樣說，如果說了會產生什麼樣的結果。要懂得，有些東西一旦失去就再也得不到了。

為什麼不能對自己最親近的人好一點呢！沒錯，生活中難免會出現不愉快的事，但最明智的選擇應該是換一種方式來發洩自己的不良情緒，而不應該讓你的親人去「領教」它。

## 你發脾氣時，我接納

有一對婚後相親相愛多年的名人夫婦，在他們結婚四十週年紀念日那天，舉辦了一場別開生面的宴會，當天來了上百位親友祝賀，場面非常溫馨。這時有位年輕人突然發問：「一個男人與一個女人在一起，居然能生活四十年，真是不可思議。」人們都聽出來了，年輕人的言下之意是：這位夫婦歷經四十年滄桑歲月，為什麼還沒離婚呢？這時年邁的先生開口了，他的回答十分精闢：「我只有一個字，忍！」先生的夫人趕緊又補上一句：「我也是『一忍再忍』！」

在對方發脾氣的時候，如果你能寬容一點、忍讓一點，又有什麼大不了的呢？可是很多人就少了這麼一些包容，總是傷害自己最親的人，甚至發生暴力行為。

有人說一個聾子和一個盲女結合，才有可能創造出最幸福美滿的婚姻。如果男的做錯了什麼女的看不見，女的斥責什麼男的聽不到，如此，他們的婚姻一定無比美滿幸福……

婚姻是浪漫與激情消退後，攜手走進漫長未來之路的始發站，由於生活中有許多不能承受之沉重、痛苦和困惑，夫妻之間不但要經常裝「聾」扮「盲」，還要體諒、忍讓和包容對方的過錯與缺點，生活之樹才能常青，婚姻之船才能一帆風順——這就是幸福婚姻的鑰匙。

愛是神奇的，也是脆弱的，它需要用心經營。無論你此刻是充滿怨氣還是滿腹牢騷，在說話做事前一定要想到，有些東西一旦失去就再也得不到了，為什麼不能試著多給一點體諒？熱情是愛的種子，在成長的時候，要用真誠去呵護，用寬容去滋潤，才會長成參天大樹。

不要在愛情中總是以自我為中心，要時刻保持冷靜，用客觀的思維去考慮問題，要在愛情中學會自我檢討，學會忍讓與妥協，要學會接納另一半的脾氣，這樣你才不至於傷害到對方。

## 別事事要求完美

如果一個人過分講究原則，有稜有角，難免會因此而碰釘子，這時我們常會提醒自己：「沒有人是十全十美的。」可是你能容忍別人的不完美，為什麼對親人就不能睜一隻眼閉一隻眼呢？

### 不妨睜隻眼閉隻眼

用睜開的眼睛透視世界的美麗，用閉著的眼睛抹去世間的無奈，能夠做到這一點的人，可謂是活出了極致。古人云：「水至清則無魚，人至察則無徒」。這其中所蘊含的道理正是人們為人處世所需有的真理。我們都知道，生活中會遇到各種各樣的事情，而「睜一隻眼，閉一隻眼」則是一種全新的人生哲學。有句俗話叫「難得糊塗」，的確有它的道理，只要不讓它突破我們自己的道德底線，凡事睜隻眼閉隻眼，不過於精明，乃是人們周旋於世的最佳方案。

要做到「睜一隻眼閉一隻眼」就要學會「割捨」，這樣看來「糊塗」不再是愚蠢，而是一種豁達，一種「退一步海闊天空」的瀟灑。做人要難得糊塗，過分的精打細算，有時仍抵不過天算，尤其是那些可以與「外人」豁達，能做到「糊塗」，而與「親人」卻總是斤斤計較的人。人們常說，能夠做到「糊塗」是不容易的，這不僅需要有一定的修養，還需要有一定的雅量。

「睜一隻眼，閉一隻眼」的人生處世哲學是前人經歷並總結出來的真理。居里去世後，有人給居里夫人造了一些聳人聽聞的謠言。一開始居里夫人痛不欲生，後來她鎮靜下來裝作「糊塗」，不予反擊，以埋頭科學研究來粉碎妒才小人的詭計。第二次諾貝爾獎的獲得，使得居里夫人再一次馳名全球。這時，那些誹謗她的人也感到十分慚愧，甚至有的還請求居里夫人的寬恕。

一個人的精力是有限的，如果一味在個人待遇、名譽、地位上兜圈子，或把精力白白地花費在鉤心鬥角、玩弄權術上，就會不利於我們的學習和工作。世上有所建樹者，大凡都有股糊塗勁兒，古今中外都不乏其例。鄭板橋、曹雪芹是如此；居里夫人、愛因斯坦也是如此。而處在21世紀的我們，也應具有這種全新的生活態度。

現在你是否感覺到，自己總是一味的對外人「睜一隻眼，閉一隻眼」，對你的親人、朋友卻總是挑來挑去呢？難道在你挑剔對方的同時，就沒有想過他們是你最親的人嗎？

生活中，需要你對親人犯下的錯誤少一分挑剔，對朋友與同事少一分指責，他們會因你的「寬容」而心存感激，更加偏向於你的。生活中，你可能是一個主管，可能是一個教師，也可能只是一個普普通通的人，但你總免不了因為別人的不完美而批評別人。這時你就不能事事指責了，要學會睜隻眼閉隻眼，這樣首先能顯出你的大度，也能讓對方有一個好的改正錯誤的良機，真正達到幫助別人的目的。

## 斤斤計較不可取

斗量有多有少，秤有頭高頭低，天平有毫釐之差，凡事都有個概率，絕對的平衡和平均是沒有的，所以絕對的公平也是不存在的。既然如此，人生就不應該因區區小事而斤斤計較，苛求絕對。

我們的人生中有很多的不公平，如果每件事都認認真真地對待，仔仔細細去揣摩，一定要做到完美不可，那麼必定給自己帶來無窮的痛苦，所以人有時應該大度一點，放開心胸，接納缺失，不為小事計較，如此，快樂將會伴隨你一生。

比如在感情的世界裡，兩個人相處時，更需要寬容與妥協，對於對方的不完美，你應該給予理解，不要事事都拿完美來壓他。

人非聖賢，誰都會犯錯。曾有人說：「一個人沒有犯過錯，那這就是他最大的錯。」因為不犯錯誤的人一定沒有嘗試。所以不要害怕犯錯，也不要責怪別人犯錯，有錯誤，善於總結，這就是進步。你的朋友、親人、同事、主管，每個人都會犯錯，如果你都一一進行批判，那麼你將被視為是一個小肚雞腸之人。

人總有犯錯的時候，在死拽住別人的一點過錯而洋洋得意時，自己被別人責難的日子也一定不會太遠。今日包容他人，他日必被他人照顧，人生的哲學就是如此。

而對待「親人」更不能太計較。當然有些小事，心中有數是可以的，斤斤計較卻是不可取的，那種一句話不投機就割席斷交的做法更難以令人接受，不應輕易樹敵，當然，也不要輕易對任何人掏心掏肺。

凡事吹毛求疵只會給自己帶來煩惱，美事反為不美，好事反為不好。久而久之，你的朋友與親人就會疏遠你。人生如果無情無友，那麼他的人生也就沒有情趣可言。因此做人應豁達大度，切莫小肚雞腸。

我們要通過思想觀念的轉變把眼界放寬，能夠站在全盤的角度考慮問題。做人開朗、不計較，沒有什麼過不去的。世界如此之大，不掌握大的趨勢而僅僅關注於細節，就會丟了整體，無法顧全大局！

## 別把「期待」轉成傷害

家長對孩子的「期待」，孩子們並不喜歡，只知道反對再反對，故意不按你的意思做。家長對孩子的這種「期待」，你是否想過是一種傷害？

### 為什麼期待變成了傷害？

大部分的家長很少用心去留意孩子的想法，當然這並不代表他們不愛自己的孩子。父母有望子成龍的夙願，從情感上講，本是無可厚非的，可真要逼著孩子「成龍」、「成鳳」大都會事與願違，甚至把親子關係弄得很緊張，嚴重的反目成仇，極端者還會搞出個你死我活。可見，父母的「期待」到頭來也會變成一種傷害。

由於父母對孩子抱有過大的期望，所以會對孩子造成龐大的心理壓力，有的孩子為了不讓父母生氣，便一味地按照父母的指示去做。殊不知，父母的期待越來越高，孩子就會越來越辛苦。

還有一種孩子，無論多麼努力，總是達不到父母的標準，努力沒有成果便會放棄，這樣一來與父母的期望就會越差越遠。當然，也不排除有些孩子雖然可以達到父母的期望，但由於父母對他們的態度使他們產生反感，他們就會故意不按父母的期待去發展。

做父母的總是希望自己的孩子以後可以過得怎麼怎麼好，從孩子一出生，甚至還沒有出生時，就一廂情願地勾勒出孩子的未來，考上什麼大學、成為什麼樣的人物等；更多的家長則會把自己未實現的理想強加給孩子，而忽略了孩子本身的興趣愛好。

誠然，父母對孩子有期望是對的，但是標準應根據孩子的實際情況而定，超出孩子的能力範圍，結果往往適得其反，對孩子造成的不良後果也是非常痛苦的。

一個孩子的成長是其綜合因素作用的結果。事實上，只要孩子能身心健康，無論學習還是做事都盡心盡力，使其把潛能發揮出來，有自主的選擇、心情愉快的生活，這樣對孩子而言是最好的。不要總把孩子不如你所願的事情掛在嘴邊，對於孩子，家長應該做到多鼓勵，若有犯錯，則適當地對孩子進行懲罰，沒有規矩不成方圓，因此規矩一定要恰當，不能太認真，也不能太馬虎。

在孩子成長的過程中，要注意塑造孩子的人格，不應只想著實現你自己對孩子的期望。同時，在孩子做錯事時，家長可以給予責備，但責備一定要在孩子的認知範圍內。否則，恨鐵不成鋼的心態，只會把你對孩子的「期待」轉化成對他的傷害。

## 懂得傾聽

「濤濤，快把電視關了，你看爸爸剛給你買了一套小百科，內容很不錯……」陳廷一進門就趕緊拿高手上的書，不斷細數小百科的好處。

可是電視正在播著濤濤最喜歡的卡通，濤濤當然聽不進去爸爸的話。陳廷見兒子沒反應，便「啪」的一聲把電視機關了。濤濤本想在這時衝過去把電視打開，但看著爸爸生氣的面孔，他就連動也不敢動了。

「這套小百科是從國外引進的，內容詳實、定價昂貴，我為了你好，牙一咬買了下來，你卻連看也不看，就知道看卡通，看卡通能有出息嗎？」陳廷怒氣沖沖地說，接著又開始重複了很多遍的話：「我們小時候哪有這些書啊，你真是身在福中不知福，我就是想讓你完成我沒完成的理想，可你卻……」說到這兒，他氣到再也說不下去了。

而只有四歲半的濤濤完全不明白，什麼是「身在福中不知福」？什麼是「完成爸爸沒完成的理想」？他只知道爸爸在生氣，爸爸以前生氣，他就會害怕。但因為爸爸總是生氣，他也就不那麼害怕了。可爸爸總給他買一些看不懂的書，他實在很難看下去，而且每次爸爸只陪他一會兒就讓他自己看了，這些看不懂的書與卡通比起來差遠了。爸爸不讓我看卡通，我也不看他給我買的書。濤濤這樣想著……

像故事中這樣的家庭現實中還有很多，由於家長給孩子造成了過大的心理壓力，讓他們不但厭惡你，甚至還會發展為明知故犯的可能。而父母們也該反思一下，什麼對孩子的未來才是最好？你替他規劃的未來，是否是你自己以前未完成的夢想？而不是孩子真正想做的事？

如一個開計程車的父親當年沒考上軍校，就希望兒子能幫他完成；媽媽當年沒成為醫生，就希望女兒可以唸醫學院，一圓她的夢想。他們完全不顧孩子內心的想法。傾聽孩子的心聲並不是一件容易的事情，在孩子反抗、難過、沮喪時，家長是否想過，他們為什麼會出現這些負面情緒？你是否知道他們內心真正的想法？

父母希望孩子過得好，希望孩子幸福、取得優異的成績這並不是錯，但至少應該根據孩子的實際情況而定，否則你對他的「期待」最終會成為傷害。如果不想使你對他們的愛變成傷害，那就應該懂得傾聽。

其實，家長能傾聽孩子聲音的時間並不長，就像你牽他小手的時間不長一樣。時光飛逝而過，轉眼間他們就長大成人，當他們有了自己的朋友、自己的想法、自己的秘密時，你想聽，他們也不會給你傾聽的機會了。因此，抓緊時間傾聽孩子的話，不要再將你一廂情願的期待強加在孩子身上。

## 愛，到底能夠承載多少

如果你總是用你的主觀意願，去要求你的另一半，忽略了某些細節，那你們的婚姻就會亮起紅燈。愛是一種責任、一種包容，但這種包容的底限在哪裡？一份愛究竟需要承載多少，你知道嗎？

### 婚姻中的愛有多少？

夫妻相處出現矛盾和問題是再正常不過、也是不可避免的事情，一個家庭不可能永遠波瀾不起。如果發生了矛盾，夫妻雙方是如何處理的呢？是一個人包容另一個人，還是互相溝通、彼此妥協？恐怕除此之外，愛還需要承載更多的東西。

婉玲和建志相戀七年，結婚四年，卻在前不久無預警離婚了。而最驚人的是，婉玲對建志想離婚並早已著手準備的事完全不知情，這場婚姻在她還不知道對手是誰的時候，她就已經陷入了敗局，最可恨的是，他們還有個三歲的孩子。平日裡，朋友們是多麼的羨慕她，有一個體貼的老公和可愛的女兒，可結果卻是這樣令人難以相信。

兩人的離婚走上法院，宣判後，孩子判給了男方，讓三年來一直照顧孩子的婉玲哭得一塌糊塗。其中最為無辜的是只有三歲的孩子，今後的生活又不知是怎樣的，因為在這之前，建志從來沒有照顧過孩子，但現實就是如此的殘酷。

故事中，他們結婚的時候是一家人，離婚的時候，所有的語言都變成了傷人的刀刃。對於婉玲來說，為了這個家，更為了孩子，她是多麼想留住丈夫的心，但一切都已經來不及了。是的，這一切是早已安排好的，而她不能相信這就是當時她深愛的男人，這就是她可愛女兒的父親，這就是他們經營十一年的愛情！可那又如何？這畢竟是事實，她不得不相信這一切，一個為愛不知承載多少傷痛的女人。

對於相戀的人來說，一旦牽手就代表對彼此的肯定，特別是對於女孩，她不僅交出了自己的心，也交出了自己的一生；對於婚姻中的人來說，牽手就代表著踏實，你的身邊永遠有我，我的身邊永遠有你。但事實往往不盡如人意，之前的愛人，很可能會變成現在的仇人。

其實，婚姻出現了問題是很常見的，不必緊張，要學會冷靜地應付。首先應該找出造成問題的原因，而後再去尋求解決的辦法。最好的辦法就是雙方要善於溝通，在溝通的同時還應注意適當的時機，尤其是矛盾發生的當時。生活中正是由於有些問題不能很好地解決，使得家庭支離破碎，把當時深愛的感覺忘得一乾二淨。

在婚姻的世界裡，每個人都希望能夠天長地久，為了愛，繁衍下一代，為了愛，精心呵護兩家人的關係，為了愛，彼此努力地互相瞭解、配合。兩個人要在一起不容易，需要付出太多的努力，所以，不要輕易的抹殺一段感情，不要讓愛承載太多的傷痛。

## 找出婚姻的問題，減少負荷

夫妻之間出現矛盾，首要關鍵是如何去解決。有的家庭可以通過溝通很好地把問題處理掉，不過在矛盾發生時，不要急於向對方解釋，因為在雙方情緒不穩定的時候，是不可能把事情解決的，這時溝通無異於吵架。所以，溝通應該是在雙方比較冷靜的時候進行，心平氣和的進行交談，要知道你們曾是那麼相愛，為了一點小事而彼此傷害是多麼的不值得。

在找矛盾的突破口時，應該用商量的口吻進行溝通，避免頤指氣使。在夫妻之間，占上風的一方習慣以命令的口吻說話，去指揮對方做這個做那個。即使對方一時能忍受下來，必不能長久，一旦對方反抗，多半是陷入不斷爭執的局面。夫妻之間，應該是互敬互愛，切忌用命令的口吻說話。

說話多點幽默，也會讓矛盾消解於無形之中。古希臘有一位哲人終日在外與人辯論，他的妻子很生氣他不做家務，當眾潑他一盆冷水。但他卻坦然地說：「我妻兇悍如此，我尚且不怕，我還會怕我的辯論對手嗎？」眾人一笑，一場家庭大戰在幽默之中消弭了。所以我們應該學會幽默，想辦法令家庭紛爭大事化小，小事化無。

而夫妻之間一遇到爭執或不快，若總是想：「分開算了！」那等於在意志上已經投降了，豈不可惜？我們要盡量多點體諒、接納對方的不足。一旦發生困難，就要齊心面對，共同解決。這樣，才會使生活減少更多的負荷。

對於矛盾和爭吵，請不要老是把「離婚」兩字掛在嘴邊，因為這種不冷靜的氣話，最終會演變成難以收拾的殘局；就事論事，不要把之前的錯都一一擺出，否則你會越來越生氣，爭吵也會延續下去；也不要指責對方：「你總是……」或「你從來就是……」；不要說讓對方傷心的話，挑剔對方的出身、外貌、學歷等一些不易改變的事實；更不應該說粗話或動手，否則會留下身心無法磨滅的傷痕和痛苦。

夫妻相處只要多一些體諒、多一些愛，設身處地地為對方著想，所謂的矛盾也就會迎刃而解。不要只會對外人既寬容又有愛心，我們應該多把一些愛心獻給自己的親人！

## 拾起遺落的美好

短暫的愛戀如初春枝頭的露珠，最經不起時間的蕩滌。人是矛盾的，總認為得不到的才是最好的，然而終於在一起了，卻發現當初的那種愛戀早已消失殆盡，取而代之的是瑣碎事中的平淡生活，對方的缺點也漸漸暴露了出來。

### 有多少愛可以重來

兩年前，珮芳有幸福的家庭，不錯的工作，丈夫對自己百依百順，兒子聰明伶俐，但是日子久了，她開始覺得生活過於平淡，好像少了點刺激。於是，珮芳開始在網路上尋找失去的刺激，最後，她認識了在感情上遭到重挫的阿飛。起初她像大姊姊一樣安慰他，阿飛也只是把她當作傾訴的對象，可是僅僅三個月，他們就相愛了。

珮芳告訴阿飛：「我有忠厚老實的丈夫和一個可愛的兒子，那是一個美滿的家庭。我和老公是戀愛結婚的，感情很深，我不可能離開他們和你在一起。況且，我比你大八歲，我們也不相配。」阿飛則對她說：「只要每天能在網路中擁有妳的愛，我就滿足了。」但隨著時間的流逝，感情也在升溫。他們彼此都不再滿足於單純的聊天，漸漸想要見到現實中的彼此。當他們相見時，什麼理智、道德、家庭、兒子統統都拋到腦後了。

就這樣，她執意提出了離婚，並辭去了工作，如願和阿飛在一起了。可是經過一段時間的相處後，珮芳猛然發現，原來現實中的他們並不合適，她習慣了前夫對自己的體貼，再加上想念兒子，矛盾一天天激化。於是，她開始後悔了，原以為找到了自己想要的生活，沒想到卻讓自己陷入了如此的境地。而她曾愛得死去活來的阿飛如今就像變了一個人，吼叫著讓她以後別再來煩他了。

她曾想過要挽回之前被她拋棄的家庭，但兒子或許會原諒她，可前夫呢？她再也找不回那個曾經美滿的過去了。

愛情是一場盛宴，彼此享受著幸福與纏綿的愛戀，而婚姻最終就是愛情的一種歸宿。對於那些婚外的感情，在快樂與痛苦中品嘗複雜的滋味，最終你會發現，只有失去的與得不到的才是最珍貴的。

從戀愛到結婚的過程是美好的。但婚後日復一日的柴米油鹽醬醋茶，又使很多人不願意面對如此平淡的生活，萌發了衝出婚姻圍牆的欲望。而當你找到那種可以使自己感覺新鮮刺激的生活時，卻往往好景不長，在受到傷害之後才發現，自己的選擇是一個錯誤，對方遠遠不及當初的好，而你卻已傷害了對自己最好的那個人。這時才真正理解「相愛總是簡單，相處太難」！而後想方設法尋找曾被自己遺失的美好時，一切都已經太晚了。

## 珍惜現在的生活

有一位妻子說，她丈夫特別喜歡玩摔跤，但這純粹是一種嗜好，並沒有想傷害她的意思。儘管他每次都很小心，可她的胳膊或身上卻總出現一些青紫的傷痕。對於他的粗暴，妻子每次都不放在心上。一次，丈夫和她一起上街時，她在書店逗留了一小會兒，而她的丈夫則帶著一包採買的東西一直在車站等她。當她匆匆趕到時，他說：「難怪妳不急著出來，反正拿東西的也不是妳。」

「對不起啦，來，我幫你拿點。」她語帶歉意地說。他則開玩笑地把一袋糖果扔了過來，正好打在她的胃部，疼得她幾乎喘不過氣來。回家的路上他們都沉默不語，快到家時，他輕聲說：「我不是氣妳讓我等太久才不說話，我是氣自己又一次傷害了妳。」他試圖努力改變自己的行為，因為他認識到妻子需要的是溫柔體貼的對待。

在感情的世界裡，夫妻雙方是需要互相體諒、互相包容的，同時在平淡的生活中，應該互相珍惜彼此，不要等到失去時才知道，曾經擁有的原來是那麼幸福與美好。

幸福的家庭是需要夫妻雙方共同經營的，妻子需要丈夫的保護，這不僅僅是為妻子提供生活的安全感，還要能解決她面對的各種壓力，使她生活得更美好。適作為妻子則是家庭幸福的主要參與者，好的妻子可以使夫妻之間的感情升溫。適當地給丈夫留一點個人空間，接受丈夫的某些習慣，給丈夫足夠的面子，如此，何愁婚姻不幸福美滿？

不要隨便放棄這份屬於自己的幸福，也不要等到失去的時候才後悔。因為有些美好是永遠拾不起來的！不妨從這一刻開始，在珍惜現在生活的同時，拾起過去那些曾被遺落的美好，這才是幸福快樂的法寶。

# 第五章
# 愛，請正確表達出來

一個人最真實的性情只在最熟悉的人面前展現，最壞的脾氣也只會對著最親的人發洩，因為確信對方不會心存芥蒂，所以才會如此放任自己。有句話說得好：「愛之深，責之切。」當我們靜下心來時便會發現：其實一切的傷害都源於一個字——愛。沒有了愛，便無所謂傷害，愛得越深，傷得就會越痛。

## 太在乎，所以患得患失

在婚姻生活中，夫妻雙方不應僅限於朝夕相處，形影相隨，有時也需要暫時分開的時間和空間，互相尊重，保持適當的距離，避免太過緊迫盯人、太過在乎造成的患得患失心態，壓得對方喘不過氣來。

### 給情感留點空間

夫妻長年生活在一起，難免在一些日常雜事上發生爭執，如果不善於處理，就會傷害夫妻感情，給家庭生活蒙上陰影。

許多已婚夫婦都有這類經驗：朝夕相處，習以為常。一旦分離，日思夜想。所謂「分離時最親近」，即是這種心理的寫照。這種心理的產生，是因為時空距離帶來的感受差別，為夫妻感情注入了新的活力。有句老話叫：「久別勝新婚」，講的就是夫妻間保持一定時空距離的美妙之處。

另一種是心理距離。就是在夫妻之間，留出一點「情感空間」，允許對方在心靈的深處，有一片屬於自己的領地。在眾多有關家庭生活的雜誌或者談婚姻、戀愛之類的文章裡，人們常可讀到這樣的話：「夫妻雙方應以誠相待，無話不談」、「夫妻之間不應有什麼秘密」，等等。這些說教雖然娓娓動聽，但付諸實踐往往碰壁。

當然，這裡說的「秘密」不一定是什麼見不得人的醜事，更多的是一種隱蔽的想法或潛意識的東西。

比如：丈夫在街上看到一位美女，覺得她很漂亮、很有魅力，他有必要告訴自己的妻子嗎？這是誰都明白的道理。如果為了表示坦誠，如實相告，除為「醋海」陡增一些風波，還能有什麼更好的效果呢？

再如：妻子在婚前交過幾個男朋友，都發展到什麼程度，這類「敏感」的事，似乎也沒必要對丈夫公開。倘若將這類不宜對丈夫公開的事情，一股腦兒全抖出來，坦誠倒是坦誠，不過這個家恐怕也有潛伏的危機了。

現實生活中，有很多夫妻因為類似的事大吵大鬧。久而久之，本來關係很密切的夫妻就會逐漸分離開來，感情也會慢慢被沖淡。而究其原因就是因為太在乎，沒有留一點情感空間，使得原來親密的夫妻變得視若仇人。

## 用交流拉近彼此的心靈

阿龍非常喜歡看球賽，幾乎是每場必看，並一看到底，而他的妻子小陶則喜歡靜悄悄地坐在他旁邊打毛衣，聽他大叫大嚷，並把阿龍的這種嗜好嘲笑成小孩子的把戲。

後來他們發現，如果要使兩人的關係得到進一步發展，小陶必須理解阿龍的這種嗜好，而阿龍則應幫助小陶加深理解。於是，在吃過晚飯之後，為了能同時觀看球賽，儘管阿龍十分討厭收拾碗筷，他還是走過來幫妻子收拾，然後兩人坐下來邊看邊談球賽。而透過這種小小的改變，他們解決了矛盾，分享了歡樂，有時候還為他們驅散了遮在其婚姻上空的一片陰雲。

對於相愛的兩個人來說，感情的交流能夠拉近彼此的心靈，在溝通中建立相互的信任和理解，找到情感的共鳴。

和愛人相處，首先要懂得求大同，存小異。為了讓夫妻的感情交流暢通無阻，更富有意義，雙方應該在生活的各個領域內，力求縮短彼此之間的心理距離。例如在教育子女的問題上，妻子主張「愛」為主，丈夫主張「嚴」為主，這樣雙方就產生了矛盾。

然而，在「必須對子女進行教育而不是放任自流」這個大是大非問題上，雙方應先取得一致意見，然後妻子和丈夫可以按照自己的模式，適當靈活地對子女進行管教。這樣做，不但有利於子女的健康成長，也有助於夫妻之間的關係能夠得到協調發展。

同時，還要注意培養共同的興趣。共同的興趣和愛好，可以增進夫妻間感情的廣度和深度，增加感情交流的頻率和速度，尤其是尋找彼此能夠分享的某些事情，使雙方充滿樂趣。

## 言行一致

現實生活中，我們對誠實的人所做的事總是放心的、確信不疑的；相反，一個虛偽的人，人們就不會輕易地相信他（她）的話和他（她）所做的事。在和另一半相處的過程中，情況也一樣，一個經常在妻子面前隱瞞這、隱瞞那的丈夫，總有一天會被妻子發現真相，從此對他抱有戒心和不信任感；而一個經常在丈夫面前「謊報軍情」的妻子，也一定會讓丈夫永遠用懷疑的目光瞧她。

有一天宗哲回家遲了，由於他知道妻子阿芳不喜歡他喝酒，因此支支吾吾的，不肯說出和同事一道去喝酒的實情，阿芳很不高興，並由此產生懷疑，當阿芳第二天從丈夫的同事口中聽到這個情況後，不信任感自然產生。而宗哲實際上是心有所愧，如果他誠實地告之實情，妻子是會原諒他的，那麼也就不會產生不信任感。

只有做到言行一致，誠意的「給予和付出」，才能建立起夫妻間的信任。而「信任」並不是光靠嘴巴講講就可以了。例如，一個丈夫向妻子表示「我愛妳」，但是平時卻表現出自私、吝嗇、煩躁這種言行不一的舉動，這怎能讓妻子信任他的愛呢？也許他說這句話時確實是愛妻子的，然而，一旦投入日常行為的迴圈中，言語和行為就自相矛盾了。

在很多情況下，夫妻常常會用相異的行動來破壞口頭上的承諾。例如，丈夫出差之前，答應給妻子買一件羊毛衫回來，但丈夫回來後，既沒買來羊毛衫，又沒給妻子作任何解釋。妻子自然不高興，甚至懷疑丈夫是否真的愛自己，造成夫妻間的隔閡。其實，只要彼此以誠相待，就能徹底解除另一半對你的防衛系統和戒備心理，讓兩人之間的關係變得更具吸引力。

夫妻雙方因為太在乎，所以只要有一點言行不一的情況，就容易互相懷疑，時間長了自然會有患得患失的感覺。因此，要懂得用交流來建立彼此的信任，在不斷的溝通中拉近雙方的心靈，從而讓愛情更加堅固持久，讓另一半成為自己永遠的依靠。

## 愛要堅持「半糖主義」

我要對愛堅持半糖主義，永遠讓你覺得意猶未盡，若有似無的甜才不會覺得膩；我要對愛堅持半糖主義，真心不用天天黏在一起，愛得來不易，要留一點空隙彼此才能呼吸……

### 什麼是半糖主義？

《半糖主義》是一首流行歌曲，講戀愛的道理，而這個道理值得人們去深思。

半糖主義，說白了就是一種健康向上的生活態度，如果你過得太貧苦，一定會有種沮喪且失望的感覺；如果過得太美滿，一定不容易發現自己是那麼的幸福，當然也不會懂得珍惜現在的生活。因此我們說，生命的最佳狀態就是不回避煩惱與苦難，同時學會給自己的生活加半勺糖，體味生命的香甜，領悟甘苦參半的人生。

俗話說：「君子之交淡如水。」在此與半糖主義其實並沒有太多的區別。如在我們的生活中，對事業成功的追求，應該努力爭取，頑強拼搏，但又不急功近利，不奢求強求；如對我們情感的嚮往，應該懂得珍惜，好好把握，但又不束縛他人，給對方足夠的自由與快樂；又如人們對婚姻的態度，都認為夫妻雖朝夕相處，但也要懂得親密有間的道理。甚至於生活中的穿衣打扮、一日三餐，都應該運用「半糖」的態度，這樣才不至於過度。也正是人們所說的，苦中有樂，甜中有苦的生活。

只有抱持半糖主義的態度，才能使一個人正常地面對生活。因此，戀愛中的人不妨切實開始半糖主義生活，這樣才有更大的可能使你們攜手走過未來更長的人生路。

## 膩久必然會分

小燕是一個頗具魅力的女孩，剛進入大學唸書不久，便有很多男生追求。最後，小燕在眾多追求者中，選擇了一位心儀的男孩作為男朋友。但外表的美麗並沒有使小燕得到想像中的愛情。

與男友交往一段時間後，隨著感情增溫，每天下課後的短暫時間當然不能慰藉兩人的相思之苦，於是他們開始了同居生活。此外，小燕還將自己每月的生活費全權交由男友來掌管。這樣使得小燕不得不向男友每天要伙食費，不僅如此，就連買一些生活必需品與零食，都需要向男友申請。

原本以為生活在一起可以更增進彼此之間的感情，但結果卻出乎意料，他們之間的矛盾很快就顯露了出來。一些生活中的小事讓他們的爭吵越來越多，甚至有好幾次都提到了分手。後來小燕便時不時地搬回宿舍去住，誰知這樣卻使他們的關係好了起來。

這一切，小燕的密友思盈都看在眼裡，最後她得出一個結論——只有「半糖主義」的愛情才能長久，而膩久了的愛情必然會分。此後，這種「半糖主義」的愛情觀便成了思盈戀愛道路上的有力論據。

大家都知道，戀愛的過程其實就是一個消費的過程，同時戀愛的火熱度與消費水準也常常是成正比的。因為人們總是在不知道對方是否真正喜歡自己之前，愛用金錢支出的多少來衡量對方對自己的喜歡程度。當然，這也只是其中的原因之一。另外，為了戀愛，人們也會在場地與飲食的選擇上比較大方。但客觀地說，這種戀愛方式並不現實，尤其是依靠父母提供生活費的大學生們。

像是思盈與男友，因為在飲食上都比較挑剔，導致生活費用開支較大。幾個月後，兩人發現他們幾乎比常人的生活費增加了近兩倍。於是，思盈提出了一周在一起吃飯的次數為三次，不要天天膩在一起，這樣不僅可以使愛情得到健康發展，還可以有效地節省生活費用。

可見，只有「半糖主義」的生活才是最適合發展的長久之計。試想，愛得來不易應留一點空隙，這樣彼此之間才能呼吸。有時候緊緊牽著對方，最後的結果卻是他掙開了你緊握的雙手。因此，每個人都應該有屬於自己的生活，有自己的空間，愛不是每天相依為命，否則膩久了的愛情必然是會分開的。

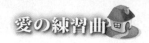

# 一杯咖啡的愛情

當愛情轉變為親情時，最容易被人們忽略，但這種愛情與親情的轉變也最容易讓人們感動。

## 加鹽的咖啡

延平和怡人是在一個晚會上認識的。那時的她，是那樣的年輕、美麗，身邊的追求者自然很多；而延平長相普通，家境一般。因此，當晚會結束，延平邀請怡人去喝咖啡的時候，怡人其實是有點不願意的，但出於禮貌，還是去了。就這樣，他們的故事開始了。

當時，兩人坐在咖啡廳裡，氣氛有些尷尬，互相都不知道應該談點什麼，怡人只想盡早結束這場約會。這時，服務生把咖啡端了上來，只聽到他說：「麻煩你給我加點鹽，我習慣喝加鹽的咖啡。」當時，她愣了，服務生也愣了，他們的目光同時集中在延平身上，以至於他的臉都紅了。

當服務生把鹽拿過來時，他放了點進去，慢慢地喝著。由於好奇，怡人還是問了：「你為什麼要在咖啡裡加鹽呢？」他沉默了一會，一字一頓地說：「小時候，我家住在海邊，我老是在海裡泡著，當海浪打過來時，海水就會湧進我的嘴裡，那味道又苦又鹹。現在，很久沒回家了，咖啡裡加鹽，算是想家的一種表現吧，這樣可以把距離拉近一點。」

怡人聽了很是感動，從那之後，她帶他去遍了大大小小有名的咖啡廳，每次都是她說：「請拿些鹽來好嗎？我的朋友喜歡咖啡裡加鹽。」再後來，他們結婚了，生活確實像怡人想的那樣，過得很幸福，而且一過就是四十多年，直到延平前不久得病去世。

就在怡人整理丈夫遺物的時候，發現了一封信，信是寫給她的：

請原諒我一直都在欺騙妳，記得第一次請妳喝咖啡時，由於氣氛非常差，我也很緊張，不知道怎麼想的，就向服務生要了鹽，當時既然說出來了，我只好將錯就錯。誰知，居然引起了妳的好奇心，就這樣，讓我喝了半輩子加鹽的咖啡。有很多次，我想告訴妳實情，但我又怕妳生氣後離開我。直到現在我終於不怕了，因為死人是很容易被原諒的，不是嗎？今生有妳是我最大的幸福，如果有來生，我還希望能娶到妳，只是，我可不想再喝加鹽的咖啡了，咖啡裡加鹽，那味道其實很難喝。咖啡裡加鹽，我當時是怎麼想出來的！

讀罷怡人非常吃驚，雖然是被騙了，但她還是很高興，因為有人願意為她喝半輩子加鹽的咖啡。

真誠地與人相處是為人處世最基本的前提條件。如果一個人不懂得誠實，根本不去顧及別人被欺騙後的感受，這樣的人終將得不到別人的肯定，甚至還會因此而改變一生。但有時候欺騙也是一種善良，善意的謊言，也會讓人感受到另類的幸福。

美滿的婚姻是男女雙方相互妥協的產物，而這種妥協就是對婚姻的協調。誠實、信任，是婚姻生活中必不可少的因素。俗話說：「金無足赤，人無完人。」世上沒有零缺點和零過失的妻子或丈夫，求全責備，不能容人，只是心胸狹隘、目光短淺的表現。

一般說來，夫妻間的非原則性矛盾，都是可以通過「忍耐、克制、寬容」來解決的。但有些生活中的瑣事，並非我們想像中的那麼簡單，因此，就會出現一些善意的隱瞞與欺騙，不過有時候隱在它背後的真相，卻是一種令人感動的愛。這時的隱瞞與欺騙便是由於在乎，甚至是太在乎了。

## 最是親情感動人

生活中有很多事情值得我們感動，事實上只要你用心體會，你會發現這種感動會時時伴隨著你。毫不誇張地說，很多人總習慣於沉浸在愛人的、朋友的感動中，卻總是忽略掉親情的感動。

### 無私的親情

你是否被無私的親情感動過？相信在你的生命中這種感動無數，但由於大多數人的忽略，總是看不到親人的付出。

親情是世上最堅實的感情，親人也是世上最堅實的靠山，珍愛親情，用你的真心回報親人，否則「子欲養而親不待」，將是世上最痛徹心扉的愧疚和遺憾。

在人生之路上，親人總是對我們寄予最多的希望，給予我們最多的鼓勵與支持，也甘願為我們的成長做出各種努力和犧牲。也正是依靠親人這種無私的奉獻使得我們有所作為，最終幫助我們實現自己的價值與目標。

**1.依靠親人，可以立身明理**

明神宗在位時，曾出現了明朝後期短暫的「中興」局面。而神宗之所以能夠取得不凡的政績，成為一名稱職的國君，主要依賴於他從小就受到母親李太后的教誨，讓他懂得了為人處世的道理。

親人的言傳身教，時時刻刻都會影響著我們的思想與行為，幫助我們樹立正確的行為標準和人生準則，讓我們慢慢地向成熟與成功靠近。是的，一個人的良好品格和習慣的養成，離不開親人的培養和教誨，在親人的影響之下，我們能夠樹立正確的是非觀念，從而形成良好的道德品質。

**2.依靠親人，可以立世成長**

中國著名的史學家吳晗能夠取得卓著的成績，很大程度上依賴於父母對他的支持與教誨。在家庭環境的薰陶感染下，吳晗日積月累，不斷進步，最終成為一代史學家。

親人是我們的第一任教師，在親人的薰陶感染下，能夠激發我們的興趣和潛能，為我們今後的求學之路奠定堅實的基礎。同時，親人還能給我們提供良好的外部環境和物質支援，是我們成才路上的強大後盾。

**3.依靠親人，可以走出平庸**

著名的建築學家梁思成，是梁啟超的長子，他在建築理論、建築教育思想、城市規劃諸方面都有不少超前的新觀點，是中國建築研究的先驅者，也是中國建築教育的奠基人之一。而他之所以能夠走出父親的蔭庇，成就自己的事業，很大程度上要依賴於父親對他的鼓舞和教導。

親人不但給我們提供了物質基礎，也給予了我們精神上的支持，在親人的鼓勵和幫助下，我們會有更高的目標，從而開拓自己的事業。

這就是親情，親人關心我們的生活，影響我們的思想，促進你的事業。有了親人的教誨，我們的生活才會更加完整，能力和個性才會得到更好的體現，走出平庸，創造不凡的自己。

## 親情滋潤你成長

親人把我們帶到這個世界，用愛的溫馨滋潤我們的心靈，陪伴我們成長。是親人不計回報的奉獻與付出，才換來了我們不斷的成長與進步。

當我們還是個胎兒的時候，就負載了親人無限的希望與寄託。親人小心翼翼地呵護著我們，讓我們來到了這個世界並邁出人生的第一步。我們在親人的關懷下茁壯成長，親人卻在不斷地奉獻中漸漸衰老。

小時候，張亞常纏著人高馬大的父親比個子。張亞朝父親跟前一站，頭頂還不到父親的褲腰。父親就笑他，說：「哎呀，你還是個小不點兒呢！」

張亞歪著腦袋說：「哼，總有一天，我會超過爸爸！」後來，張亞上國中，又上了高中，再後來上大學，又出社會了，個子似乎眨眼工夫便趕上了父親，又超過了父親。父親欣喜不已，沒事時，父子倆常在一起比個子，不過等張亞長大後，每次比個子都是由父親主動發起的。

父親朝人高馬大的張亞跟前一站，禿頂正好被兒子的肩膀「沒收」。再後來，父親開始駝背了，晚年駝得更厲害，遠遠望去，整個身子像張弓！然而，沒有「自知之明」的父親，卻偏偏愛穿兒子的舊衣裳。最有意思的是，每次兒子回家，他還是死拉硬拽地要和兒子比個子。

張亞逐漸地讀懂了父親的心思。父親和自己比個子是假，他是想以自己的「矮」來襯托兒子的「高」，因為兒子在他的心目中，是希望，是寄託！只要能看見兒子長成參天大樹，即使自己化成樹根旁的一片枯葉、一攤黃泥，他也願意！

有一天，父親又要和張亞比個子。

張亞說：「爸，別比了……」

父親說：「怎麼不比了呢？是嫌爸不配和你比？」

「不，不是這個意思。」張亞的眼眶裡溢滿了淚水，「就像弓和弦一樣，您的個子是弓，我的個子是弦，弓總比弦長啊！」

「唔，弓比弦長……」父親把兒子的話銜在嘴裡，嚼了又嚼，覺得有點鹹，更有點甜。

只要看見我們能夠漸漸成長，親人哪怕付出再多，也會倍感欣慰和幸福。

親情，常常是一種置身其中時往往被忽略的那份美好與珍貴。而父母與子女間的這種親情，更是一輩子的糾葛。親情似甘甜的乳汁，哺育了我們的成長；親情是明亮的雙眸，指引了我們前進的方向；親情是重複的叮嚀，呵護了我們的心靈；親情是……

有了這份親情，我們便不怕酷暑嚴寒，不怕坎坷失敗，因為親情無時無刻都存在著。有了親情，我們就有了力量的源泉，在它的澆灌下，我們茁壯成長；親情是靈魂的聖火，在它的照耀下，我們才能通透事理、明白是非；親情是我們傷心難過的天敵，在它的支持下，我們才能百痛全消、走出陰霾。

在平凡的生活中，親情無時無刻不在滋潤著我們，我們都是在親情中成長的。父母對子女的愛的行為總是出於他們的習慣，來自於他們的本能。無論發生了什麼事，他們總會和我們站在同一戰線上。別林斯基說過：「一切真正的和偉大的東西都是純樸而謙遜的。」所以，請記住：無論發生什麼事，這份親情總會和我們在一起，因為那是無限愛的濃縮！

## 子欲養而親不待

人世間最美好的是愛情，最真摯的是友情，最易得也卻最易被人遺忘的卻是血濃於水的親情。我們總是知道朋友的可貴，愛人的難得，卻忘了身後父母的默默付出與關注……總是聽身邊的人說誰的父母病了，誰的父母走了，誰連孝順的機會都沒了……

看過一個電視節目，其中的一個片段感人至深：一位風度翩翩的中年男子，事業有成，有車有房，是無數男人的標杆和努力的榜樣。他從小生長在經濟不發達的貧困農村，家境貧寒，衣食無著，完全靠父母節衣縮食供他讀書、上學。他上高中時，有一年碰上強烈颱風肆虐，莊稼幾乎顆粒無收，那時候，村裡一共有三人在外縣市有名的公立高中唸書，其他兩個人都因交不起學費退了學，他也想退，可是父親不肯，父母到處借錢，供他讀完高中，後來又上了大學。

臨畢業的那年，父母雙雙病倒，可是家裡一貧如洗，能賣的東西都賣光了，還欠了很多債，為了省錢，父母不肯住院，甚至連藥都捨不得吃，不到一年的時間，父母相繼去世。這位中年男子悲痛地說：「本來大學畢業了，可以掙錢、養家、盡孝了，可是為兒女操勞的父母卻沒有等到那一天，『子欲養而親不待』啊！」

生命的旅途是如此漫長卻又短暫，身邊的親人，會隨著時間的推移而漸漸蒼老。你是不是在外奔波勞累，沒有時間回家？那麼給他們一通電話吧。因為你的人生還那麼長，還有那麼多的可能性可以去實現，而父母只有待在老家，看著夕陽西下，等著兒女不知何時回來探望他們。不要一心想飛，拒絕一刻的停留。

你是不是時常唱歌泡夜店，忘記回家的時間？那麼早一點回家吧，省下泡夜店的開銷，帶回一瓶老酒，陪著父親喝喝小酒，陪著母親看看電視，讓他們也開心一回吧。

有些事情當我們年輕的時候還不懂，當懂得的時候我們已不再年輕。及時為親人送去體貼和溫暖，讓他們在有生之年愉快地生活著，不要讓自己的心靈留下遺憾和愧疚。

## 請為父母做些什麼吧

忙碌的你，是否還記得父母經歷的苦難和所承受的壓力？是否還記得父母為你所付出的心血和辛勞？是否還回味父母慈愛的目光？

行色匆匆的你，關心過父母的身心健康嗎？瞭解過父母的歡樂與憂慮嗎？真正從心底湧出過回報父母的情感嗎？

有則故事讓人感觸良多：孩子生了大病，需要母親的心治自己的病，孩子回家告訴母親後，母親當下就用刀把自己的心給挖了出來。當孩子捧著熱騰騰的心走在路上時，不小心跌倒了，母親的心掉在了地上。這個時候那顆熱騰騰的心竟然說話了：「孩子，摔疼了嗎？」

父母對孩子的愛是無微不至、不求回報的，有時候甚至可以為了孩子而犧牲自己。但子女往往體會不到這種愛，不會珍惜眼前的幸福。平時父母的愛點點滴滴縈繞著子女，可子女卻沒有絲毫察覺，反而覺得理所當然。

請拋開這些理所當然，從現在起，為父母做些什麼吧！

**1. 寫一封信**

一封簡單的信，就算只寫幾十個字，父母親看了也會感動，因為，他們太容易滿足了。無論是手寫的傳統信箋，還是現在的E-mail，只要能說出心底對父母的眷戀就是最好的方法。

**2. 打個電話**

每隔一段時間給親愛的父母打個電話，「只想聽聽你的聲音」不單單是戀人們的私語，父母的牽掛也是無時無刻存在的，別忘了常給家裡的父母報個平安，消除他們一如既往的牽掛。

**3.抽空和父母聚聚**

常回家看看，把我們的親情和笑聲帶給父母，就算人在遠方的也應適當地抽空回家團聚，聊聊家常。

**4.做一道菜**

無論走到哪裡，你可能永遠也忘不了母親做的菜，但你有沒有親手為她做上一道她愛吃的菜呢？你知不知道她喜愛吃哪一種口味？做一道菜，最好能夠做母親最喜歡的那一種口味，就算她不喜歡吃，只要是你親手做好端給她的，也會變成了美味佳餚。

**5.帶父母出去旅遊**

父母為家庭付出了一生，一輩子就在家庭這片小田地裡度過。也許他們年輕的時候也想出去旅遊，但就像一首歌裡唱的：「……有了錢的時候沒時間，有了時間卻沒錢……」所以，身為兒女能否多花點時間，陪著父母出去看看外面精彩的世界，實現他們的一個小小心願呢？

停下匆忙的腳步，梳理一下自己的情感，對父母表達心底的感恩。你會發現，你的一個小小的行動，會換來父母的感動和驚喜，會換來他們的欣慰和安寧，會換來他們的健康與快樂！

別把對父母的那份愛深藏在心底，請把那份愛體現在日常生活之中吧！

## 你是否在乎親情？

在你的生命中，點滴的進步與成長離不開親人的辛勞與付出；成功路上的每一個腳印都浸透著親人的汗水與心血。你靠著親人的這種期望與鼓舞，一點點的邁向成功，一點點的實現自己的夢想……而你，是否重視過他們的付出？

### 親情是永遠的依戀

「慈母手中線，遊子身上衣。」無論走到哪裡，身處何方，親情都是我們永遠無法割捨的感情，在親人的關懷和庇佑下，我們的生活才變得美好而溫馨，生命才會永遠充滿上進的動力。

親人的愛，猶如大山般堅強偉岸卻沉默無私，親人的愛，是我們一生也用不盡的財富。親情伴隨我們的左右，「兒行千里母擔憂」，無論我們離開親人有多遠，他們都會深情地關注著我們、牽掛著我們，讓我們感受到生命的溫情。

也許我們對故鄉和親人的思念，在歲月的流逝中會漸漸地淡掉，因為每天總有那麼多的人要去面對，總有那麼多的事要勤懇地去做，除去一天三餐和那些永遠忙不完的工作，剩下的時間總是那麼的有限，全部用來睡眠都不夠，哪裡還有時間去牽掛故鄉和親人呢？這是很多人為了心安理得，曾給自己找過的淡忘的理由。

什麼才是故鄉，所有的故鄉原本不都是異鄉嗎？所謂故鄉也只不過是父輩漂泊的最後一站。父母，不也是健康地活著嗎？在外面少讓他們操心，每月寄點錢回去，讓他們自己多買點東西改善一下生活，這似乎就是許多漂泊者對故鄉和親人全部的付出，卻不涉及一點情感的因素。

方婷聽說母親病了，趕緊匯了一萬元回家去，想讓生病的母親買點營養的東西補補身體。前兩天，方婷收到一個大包裹，晚上又接到電話，聽到母親慈愛的聲音——一種讓她魂牽夢縈的鄉音。母親慢慢地告訴她，那一萬元他們沒有捨得買補品自己吃，想到孩子在外工作，三餐不正常，便去買些肉和藥材，回來燉補湯寄上台北去，她說：「那補湯我燉了很久，妳要記得喝，好好照顧自己的身體。」

掛了電話，方婷才知道母親一直牽掛著她，母親那關切的話語彷彿一直在耳邊溫暖地縈繞著。

世事紛繁，歲月蹉跎，親人的愛卻沒有因為時間的流逝而發生改變。無論距離多遠，時間多久，親人的愛都一樣地深刻而博大。珍愛親情，用真心回報親人。在這個世界上，只有親情的愛是永恆的，因此，銘記家人給我們的關懷，永遠不要傷害最愛我們的人。

## 親情樹

有很多人，是在我們需要他們的時候，才會想起他們，才會去找他們，而他們無論何時何地，都會在我們最需要幫助的時候，給予最恰當的支援。因為他們始終本著這樣一種態度：只要你快樂，他們也就欣慰了。

從前有一棵樹，她好愛一個小男孩，每天小男孩都會跑來，收集她的葉子，把葉子編成皇冠，扮成森林裡的國王。男孩會爬上樹幹，抓著樹枝盪秋千，吃吃蘋果。他們會一起玩捉迷藏，玩累了，男孩就在她的樹蔭下睡覺。男孩好愛這棵樹，而樹也好快樂！

日子一天天過去，有一天男孩來到樹下，樹說：「來啊，孩子，爬上我的樹幹，抓著我的樹枝盪秋千，吃吃蘋果，在我的樹蔭下玩耍，快快樂樂的！」

「我不是小孩子了，我不要爬樹和玩耍。」男孩說：「我要買東西來玩，我要錢，妳可以給我一些錢嗎？」

「真抱歉，」樹說：「我沒有錢，我只有樹葉和蘋果。孩子，拿我的蘋果到城裡去賣吧，這樣，你就會有錢。」於是男孩爬到樹上，摘下她的蘋果，把蘋果通通帶走了。樹好快樂。

又有一天，男孩回來了，樹高興地說：「來啊，孩子，爬上我的樹幹，抓著我的樹枝盪秋千，快快樂樂的。」

「我太忙，沒時間爬樹，」男孩說：「我想要妻子和小孩，所以我需要一間房子遮風擋雨，妳可以給我一間房子嗎？」

「我沒有房子，」樹說：「森林就是我的房子，不過，你可以砍下我的樹枝去蓋房子，這樣你就會快樂了。」於是男孩砍下了她的樹枝，把樹枝帶走，去蓋房子。樹好快樂。

過了好久好久，那男孩又回來了。「我很抱歉，孩子，」樹說：「我已經沒有東西能給你了，我的蘋果沒了。」

「我的牙齒也咬不動蘋果了。」

「我的樹枝沒了，你不能在上面盪秋千了。」

「我太老了，不能在上面盪秋千了。」男孩說。

「我的樹幹沒了，」樹說：「你也不能爬上來了。」

「我太老了，爬不動了。」男孩說。

「我真希望我能給你什麼……可是我什麼也沒了。」

故事中的樹事實上就是我們的爸爸和媽媽。對於他們，我們都是在不斷的索取著，而他們毫無怨言地默默付出，全力為我們做到最好，賦予我們想要的一切。我們應該深深地懷著感恩的心，並努力回報，不要等到「子欲養而親不待」的時候，才在那裡後悔。

我們親愛的父母在承受著很多痛苦的同時，仍會給予我們無限的愛。他們努力不讓我們感覺自己比別人差。在我們不懂事的時候，不明白爸爸為何有時沉默著，媽媽為何有時流著淚。現在，我們能感覺到父母仍然那麼細微的照顧、關心著我們嗎？如果懂了，就開始回報他們給予的愛吧！

## 莫讓生命留下太多遺憾

一位年輕教師的自述催人淚下：

六年前的此刻，母親撒手人寰，永遠離開了我和妹妹——她無比牽掛的一雙兒女，離開了我們的家。那一年，母親只有五十四歲。

記得六年前的此刻，我和妹妹面對母親的遺體，無法相信母親真的就這樣離去，竟欲哭無淚，巨大的痛苦揉碎了我們的心。三天後，我和妹妹去安葬母親，那天正下著大雪，天地白茫茫一片，路上幾乎沒有行人。我和妹妹冒著漫天的雪花，手捧媽媽的骨灰罈，互相攙扶著走在送媽媽西去的路上，當時的那種悲涼和無助，成為今後幾年裡我心境的基調。

在母親去世後的這六年裡，我經歷了很多很多，有磨難也有喜悅。都說時間可以使人淡忘一切，可是六年來，我對母親的思念依舊，對往事的回憶和母愛的懷念，陪伴我度過了無數無眠的長夜。

在母親生命的最後幾年裡，由於病重，她的腳老是腫得很嚴重，以前穿的鞋都穿不進去了。當時我工作上有一些出差機會，於是無論走到哪裡，只要有時間我就去逛商場給母親買鞋，對軟底軟面的鞋特別有興趣，但由於當時家裡經濟不富裕，也沒能給母親買到什麼好鞋。時至今日，我還經常習慣性地在商場的鞋區流連，目光無意識地在擺滿各式鞋子的貨架上搜索，每當看到質地柔軟、品質上乘的鞋，總要拿起來看看，不無遺憾地想：要是母親現在還活著該多好，我一定會把這雙鞋買回家！

母親的去世留給了我無盡的痛苦和遺憾。我的痛苦不在於我不能像天下千千萬萬兒女一樣，享受母親那偉大而又平凡的愛，我的遺憾也不在於我遇到困難的時候，不能像天下千千萬萬同齡人一樣，得到母親的安慰和幫助，真正使我備受煎熬的，是我沒有機會像天下許許多多兒女那樣報答母愛，我的母親也不能像天下許許多多母親那樣盡享天倫。

母親患病時我剛剛大學畢業，妹妹還在上學。我走上工作崗位在一定程度上減輕了家裡的負擔，可母親還沒來得及鬆口氣，沒過上幾天好日子就病倒了，而且這一病就是四年，再也沒能好起來。我時常想，命運對母親是多麼的不公啊，含辛茹苦把兒女拉扯大，不曾享受過什麼就匆匆地走了。

都說「滴水之恩當湧泉相報」，母親生我養我二十多年，傾其所有給予了我無私的母愛，而我卻無法回報，「子欲養而親不待」的感覺令我痛徹心扉，我的靈魂因此永不安寧。

六年過去了，我已長大了，許多想法不再像過去那樣極端。我漸漸明白，我現在對母親唯一的報答就是好好地生活，這也許正是母親所希望的。

我們常說：「百善孝為先。」常說：「羔羊跪乳，烏鴉反哺。」而現在的我們又做了多少？總是有太多的藉口故意忽略不付出，或者是乾脆寄些錢打發了事，但年邁的老人並不是花錢的機器，他們的要求總是那麼簡單而單純，只需輕輕的一句問候，小小的一件禮物，薄薄的一張信箋，他們都會那麼的知足，面對父母，我們想說什麼？又能做什麼呢？

如今，很多人都在追求自我發展，忙於學業和事業，在忘我工作或享受生活。此時，父母在我們的心中嗎？也許你曾對父母有過感恩；也許你還無以為報；也許你已盡孝；也許你還無暇顧及。不管你是什麼身分，不管你是什麼年齡，不管你是成功還是失敗，不管你是富有還是貧窮，責任和義務都要求我們去報答這份深恩。

忙是不探望父母的理由嗎？難道會無法抽出看老人家的一點點時間嗎？無論什麼藉口，都不能成為我們不回家看望年邁父母的理由，哪怕只是回家看一眼，看看父親飽經風霜的臉，拉一拉母親粗糙的雙手，聽一聽父母貼心的嘮叨也好啊。

子欲養而親不待，孝敬父母不能等，必須及時，必須隨時隨地，抓緊機會盡孝心吧！

**惜福感恩**

雖然父母給予子女的愛從來不求回報，但是，作為子女也不能一味地只享受被愛而不去付出，因為愛應該是雙向的。作為子女應當愛自己的父母，不但要愛在心中，還要去表達出來，讓父母知道我們是愛他們的。

曾有這樣一則故事：很久很久以前，在一艘橫渡大洋的船上，有一位父親帶著七歲的女兒去美國和妻子團聚。

一天，當男人在船上用水果刀削蘋果給女兒吃時，突然間，船猛烈地搖晃了起來，男人在摔倒的時候，刀子插進了他的胸部。男人慢慢站起來，在女兒不注意時用拇指將刀鋒上的血輕輕地揩去了。

以後的三天，男人一如往常地照顧女兒，帶她吹海風，看蔚藍的大海，好像一切都和以前一樣。但女兒卻未能注意到父親已逐漸衰弱，他遠望海平線的目光是那樣的憂傷。

抵達港口的前夜，男人來到女兒的旁邊，對女兒說：「明天見到媽媽的時候，對她說，我愛她。」說完，在女兒的臉頰上深深地留下一個吻。

船到美國後，女兒在人潮中認出了媽媽，大喊：「媽媽！媽媽！」就在這個時候，男人仰面倒下，胸口的血如火山爆發般噴出了紅紅的岩漿。

那父親解剖的結果震撼了所有的人：那把刀子無比精確地插進了他的心臟，

他卻多活了三天，而且不被任何人發覺。唯一可能的解釋是，傷口太小了，使得被切開的心依原樣貼在一起，維持了三天的供血。

這在醫學上是一個罕見的奇跡。醫學會議上，有人說要稱它為大西洋奇跡，有人建議要以死者的名字命名。

一位坐在首席的老先生一字一句地說：「這個奇跡的名字叫父親。」

父愛創造了奇跡，父親為了把心愛的女兒順利地送到妻子那裡，飽受著常人無法忍受的痛苦。這不但讓女兒感受到了父愛的偉大，還使女兒在以後的人生路上變得更為堅強。

「嚴父慈母」是流傳幾千年的傳統，可以說已經在人們的心目中形成一個固定的模式，那就是：「慈愛的母親，溫柔可敬；嚴厲的父親，遠而避之。」心中的父親永遠是一座不可融化的冰山，一座不可移動的鐵塔。其實，父愛從來就沒有離開過我們，我們甚至可以說父愛比母愛更偉大，只不過是父愛的深沉為大多數人所忽視了。

所以，我們活著最應該做的事情，是孝敬我們偉大的父母！時刻都要問問自己：該為父母做些什麼？其實，父母需要的不是兒女物質上的表示，只是兒女開心的微笑、細緻的關心與會心的理解，就足以讓父母感到安慰、快樂與滿足了。

# 如果在乎，就從細節做起

如果在乎，就從細節做起，因為細節決定我們的關心有多少；因為細節才是真切的生活；因為細節可以表現出我們的在乎程度……

## 細節可以培養穩固的感情

現代社會是資訊社會，資訊發達，生活節奏快，社會分工細，社會交際越來越頻繁。在這樣的時代中，夫妻之間希望在一個自給自足的小天地裡長相廝守，形影相隨，追求自由園林式的浪漫情調，已是癡人說夢。

如何在有限的時空範圍內，培養和穩固兩個人的感情，堅定自己的依靠，主要看我們是不是善於在細節之中捕捉機會，增進與另一半的感情。

當我們外出時，定時給另一半報個平安、敍述思念之情是很有必要的。而回來時帶一些小禮物，比如所到之處的特產等，都會給另一半一份意外的驚喜。一句安慰的話、一聲問候、一段愛的表白，只要發自真心，不論長短，都會讓另一半確信自己在對方心目中的位置，成為心理上極大的安慰。

大部分的人都有過這樣的體驗：當我們變換了一種髮型，或者穿上一件線條優美、新穎大方的新衣時，會覺得自己很美。而這時，我們會希望從另一半的眼裡讀出一份欣賞與愛慕。

作為丈夫，如果能給自己的妻子買上一件漂亮的洋裝，然後像戀愛時那樣把洋裝在她的身上比試，誇獎一番，你和她一定都會感到情意綿綿。每天上班時，跟她道一聲：「晚上見。」下班走進家門，看到她在等你，一天的疲憊會立刻不知去向。這些舉動，做起來並不難，這些小小的滿足的心情，也很容易獲得。所有的這些，都能令人體會到婚姻中的浪漫。

生活伴侶同食共寢，日子長了漸漸形成規律，如果一直是按部就班，始終是一個節奏，情感就會因為缺乏變化而變得木然。適當地來一點情感漣漪，離開原來的軌道，讓情感像活水一樣處於流動之中，既循著一定的河道，又不停地更新運動，就不會令情感凝固、冷卻。

短暫的別離就是一種很有效的方法。一方外出開會、學習或出公差，雙方就都有了回味的時間，再相聚時，彼此都會發現對方變得更有魅力了。同時，細心觀察和利用生活中的每一個細節，在點點滴滴中增進感情，也會讓夫妻關係更牢靠。

## 細節體現真情

當你和另一半生活多年以後，從前的新鮮感、新奇感已漸漸褪去，昔日的溫馨與依戀也已經變得習以為常，這時候在平凡中製造的浪漫，於細節中體現的真情，則更會體現出它的珍貴。

有一位名演員非常珍愛一串風鈴，那是他死去的母親留下來陪伴他的。一次，因小偷的光顧，風鈴被弄個粉碎，他相當難過。事隔一年，就在小偷弄碎風鈴的那一天，他的女友交給他一個小小的盒子，他打開之後，感動得差點掉下淚，那是一串與母親留給他的一模一樣的風鈴。後來，他深情地說：「風鈴和女友都珍藏在我的家裡。」愛人已經成了他生命中的一部分。

平時互動相處時，我們要多留心對方的話，假如你的另一半說自己的頭髮乾燥，常常亂蓬蓬地，她也許只是說說，但你要「聽者有意」，適時送她一瓶新出的潤髮乳，那麼，她會由衷地感到你的細心和體貼。

此外，生日、情人節、相識紀念日、結婚紀念日……這些特殊的日子，都要仔細記在心上，給對方創造一個驚喜，拉近心與心之間的距離。

細微之處的真情流露，有許許多多。比如說，隨身攜帶紙巾，對方需要時，恰到好處地遞給他一張；天冷時多準備一條圍巾，在他穿的不夠保暖時替他圍上……無論是哪種，都無須誇張，只要讓對方感受到你的關愛，就能產生一種心靈上的震顫。

一位美國的女爵士音樂家，當她默默無聞時，有一次想舉辦一場演奏會。她的愛人對她說：「當天，我可能連祝賀的花籃都無法送給妳，但我會盡力幫妳。」此後的數天，從找會場、貼海報以及舞台布置等雜事，他都親力親為，還不時地拍拍她的肩膀，鼓勵她，給她自信。

直到演奏會當天，其他的朋友才手提花籃及禮品前來。然而，音樂家對於這些贈送禮物的人，遠不如對默默支持她的愛人來得欣喜和感激，因為她體會到愛人濃濃的深情。

能夠「想對方之所想，急對方之所急」，能夠為愛人排憂解難，與對方的心靈互通，是最能夠拉近彼此心靈的，否則即使送一百個花籃給她，還是與朋友送的一樣，沒有太大的意義和作用。

在我們的生活中，如果在乎對方，就請從身邊的每一個細節做起！

## 營造一個甜蜜的家

人人都盼望有個幸福的家。在幸福的家庭裡，夫妻互敬互愛，如魚得水；在幸福的家庭裡，孩子們可以沐浴著父母的陽光雨露快樂成長；在幸福的家庭裡，老人們在兒賢孫孝的滿足中頤養天年；在幸福的家庭裡，寬容博大，寧靜溫馨，歡聲不斷，笑語頻傳……

擁有一個幸福的家，這是每個人都嚮往的。因為我們在奔波勞累之後，越來越離不開家庭這個遮雨的港灣。然而，當我們都在羨慕和盼望有個幸福的家時，是不是應該先思考一下，幸福從何而來？何謂幸福的家？

隨著時代的變化，幸福家庭的內涵也在不斷地變化和充實。人們已不再滿足於以往的吃飽穿暖，也不再滿足於「日出而作，日落而息」所構成的家庭表面的寧靜和簡單的和諧，更希望家庭成員間有心與心的溝通，希望家庭能成為充滿希望的幸福樂園。

佩珍結婚四年。有人說婚姻走到這個階段，夫妻雙方會產生審美疲勞，婚姻生活也因此變得平淡。可是，佩珍的婚姻不但沒有平淡，反而越來越有情調，越來越幸福。佩珍說，她的「秘笈」是善於時不時地給對方製造各種驚喜，讓平凡的婚姻生活折射出不平凡的光芒。

佩珍和老公對經營婚姻和感情都很用心，可以說四年來皆花了不少心思。像是佩珍平時愛吃零食，有一次她回到家，看到老公給她留了一張紙條：「我把許多零食藏在家裡的不同地方，想知道我買了些什麼，就去找找吧！」

於是，佩珍立刻開始東翻西找，最後讓她找到了愛吃的牛肉乾、瓜子、蜜餞……她每找到一樣時，都覺得是一種驚喜。想想看，這樣的驚喜是不是比他直接給佩珍更有情調？

還有一次，佩珍和老公吃飽飯後在閒聊，老公無意中說了這麼一句話：「我的 MP3 也該換個 MP4 了。」對佩珍的老公來說，這僅僅是說說而已，可是佩珍卻一直記在心裡。

到了情人節那天，佩珍給了老公一個驚喜——她買了一個 MP4 放在送給老公的巧克力盒裡。當老公打開盒子時，發現裡面還躺著個 MP4，隨後又聽到佩珍合著音樂的錄音，老公既興奮又感動，把佩珍緊緊地抱住，那一刻，佩珍真的覺得自己好幸福！

在婚姻生活中，要製造驚喜是一件非常容易的事情。有時，一些事情經過我們細心的「包裝」就變成了驚喜。這樣，不但能讓對方感動，而且能讓對方開心，更重要的是可以使婚姻保持一種新鮮感。

一個幸福美滿的家庭是夫妻雙方共同營造的。丈夫對家要有責任感，遇事沉穩，心胸豁達，體貼妻子兒女，使妻子感到丈夫像座大山那樣讓自己靠得住。妻子對家庭要勇於奉獻，通情達理，溫柔賢慧，使丈夫能全身心面對複雜多變的社會。

家可以不寬敞，但一定要洋溢著愛；家可以不富有，但一定要很溫馨。孩子的笑聲、哭聲，老婆的嘮叨聲，磕磕碰碰奏起生活平平淡淡而又永恆的旋律。家是一個溫馨的港灣，無論何時，雙方都能體會到濃濃的溫暖存在。用心關愛生命中的另一半，既然他（她）是你選定的終身伴侶，你就要用一生的時間去不斷地瞭解他（她），讀懂他（她）。

## 大都會文化圖書目錄

### ●度小月系列

| | | | |
|---|---|---|---|
| 路邊攤賺大錢【搶錢篇】 | 280 元 | 路邊攤賺大錢 2【奇蹟篇】 | 280 元 |
| 路邊攤賺大錢 3【致富篇】 | 280 元 | 路邊攤賺大錢 4【飾品配件篇】 | 280 元 |
| 路邊攤賺大錢 5【清涼美食篇】 | 280 元 | 路邊攤賺大錢 6【異國美食篇】 | 280 元 |
| 路邊攤賺大錢 7【元氣早餐篇】 | 280 元 | 路邊攤賺大錢 8【養生進補篇】 | 280 元 |
| 路邊攤賺大錢 9【加盟篇】 | 280 元 | 路邊攤賺大錢 10【中部搶錢篇】 | 280 元 |
| 路邊攤賺大錢 11【賺翻篇】 | 280 元 | 路邊攤賺大錢 12【大排長龍篇】 | 280 元 |
| 路邊攤賺大錢 13【人氣推薦篇】 | 280 元 | | |

### ● DIY 系列

| | | | |
|---|---|---|---|
| 路邊攤美食 DIY | 220 元 | 嚴選台灣小吃 DIY | 220 元 |
| 路邊攤超人氣小吃 DIY | 220 元 | 路邊攤紅不讓美食 DIY | 220 元 |
| 路邊攤流行冰品 DIY | 220 元 | 路邊攤排隊美食 DIY | 220 元 |
| 把健康吃進肚子— 40 道輕食料理 easy 做 | 250 元 | | |

### ●生活大師系列

| | | | |
|---|---|---|---|
| 遠離過敏—打造健康的居家環境 | 280 元 | 這樣泡澡最健康—紓壓・排毒・瘦身三部曲 | 220 元 |
| 兩岸用語快譯通 | 220 元 | 台灣珍奇廟—發財開運祈福路 | 280 元 |
| 魅力野溪溫泉大發見 | 260 元 | 寵愛你的肌膚—從手工香皂開始 | 260 元 |
| 舞動燭光—手工蠟燭的綺麗世界 | 280 元 | 空間也需要好味道—打造天然香氛的 68 個妙招 | 260 元 |
| 雞尾酒的微醺世界—調出你的私房 Lounge Bar 風情 | 250 元 | 野外泡湯趣—魅力野溪溫泉大發見 | 260 元 |
| 肌膚也需要放輕鬆—徜徉天然風的 43 項舒壓體驗 | 260 元 | 辦公室也能做瑜珈—上班族的紓壓活力操 | 220 元 |
| 別再說妳不懂車—男人不教的 Know How | 249 元 | 一國兩字—兩岸用語快譯通 | 200 元 |
| 宅典 | 288 元 | 超省錢浪漫婚禮 | 250 元 |
| 旅行，從廟口開始 | 280 元 | | |

### ●寵物當家系列

| | | | |
|---|---|---|---|
| Smart 養狗寶典 | 380 元 | Smart 養貓寶典 | 380 元 |

| | | | |
|---|---|---|---|
| 貓咪玩具魔法 DIY—讓牠快樂起舞的 55 種方法 | 220 元 | 愛犬造型魔法書—讓你的寶貝漂亮一下 | 260 元 |
| 漂亮寶貝在你家—寵物流行精品 DIY | 220 元 | 我的陽光 · 我的寶貝—寵物真情物語 | 220 元 |
| 我家有隻麝香豬—養豬完全攻略 | 220 元 | SMART 養狗寶典（平裝版） | 250 元 |
| 生肖星座招財狗 | 200 元 | SMART 養貓寶典（平裝版） | 250 元 |
| SMART 養兔寶典 | 280 元 | 熱帶魚寶典 | 350 元 |
| Good Dog—聰明飼主的愛犬訓練手冊 | 250 元 | 愛犬特訓班 | 280 元 |
| City Dog—時尚飼主的愛犬教養書 | 280 元 | 愛犬的美味健康煮 | 250 元 |
| Know Your Dog—愛犬完全教養事典 | 320 元 | | |

## ●人物誌系列

| | | | |
|---|---|---|---|
| 現代灰姑娘 | 199 元 | 黛安娜傳 | 360 元 |
| 船上的 365 天 | 360 元 | 優雅與狂野—威廉王子 | 260 元 |
| 走出城堡的王子 | 160 元 | 殞逝的英格蘭玫瑰 | 260 元 |
| 貝克漢與維多利亞—新皇族的真實人生 | 280 元 | 幸運的孩子—布希王朝的真實故事 | 250 元 |
| 瑪丹娜—流行天后的真實畫像 | 280 元 | 紅塵歲月—三毛的生命戀歌 | 250 元 |
| 風華再現—金庸傳 | 260 元 | 俠骨柔情—古龍的今生今世 | 250 元 |
| 她從海上來—張愛玲情愛傳奇 | 250 元 | 從間諜到總統—普丁傳奇 | 250 元 |
| 脫下斗篷的哈利—丹尼爾 · 雷德克里夫 | 220 元 | 蛻變—章子怡的成長紀實 | 260 元 |
| 強尼戴普—可以狂放叛逆，也可以柔情感性 | 280 元 | 棋聖 吳清源 | 280 元 |
| 華人十大富豪—他們背後的故事 | 250 元 | 世界十大富豪—他們背後的故事 | 250 元 |
| 誰是潘柳黛？ | 280 元 | | |

## ●心靈特區系列

| | | | |
|---|---|---|---|
| 每一片刻都是重生 | 220 元 | 給大腦洗個澡 | 220 元 |
| 成功方與圓—改變一生的處世智慧 | 220 元 | 轉個彎路更寬 | 199 元 |
| 課本上學不到的 33 條人生經驗 | 149 元 | 絕對管用的 38 條職場致勝法則 | 149 元 |
| 從窮人進化到富人的 29 條處事智慧 | 149 元 | 成長三部曲 | 299 元 |
| 心態—成功的人就是和你不一樣 | 180 元 | 當成功遇見你—迎向陽光的信心與勇氣 | 180 元 |
| 改變，做對的事 | 180 元 | 智慧沙 | 199 元（原價 300 元） |
| 課堂上學不到的 100 條人生經驗 | 199 元（原價 300 元） | 不可不防的 13 種人 | 199 元（原價 300 元） |
| 不可不知的職場叢林法則 | 199 元（原價 300 元） | 打開心裡的門窗 | 200 元 |
| 不可不慎的面子問題 | 199 元（原價 300 元） | 交心—別讓誤會成為拓展人脈的絆腳石 | 199 元 |

| | | | |
|---|---|---|---|
| 方圓道 | 199 元 | 12 天改變一生 | 199 元（原價 280 元） |
| 氣度決定寬度 | 220 元 | 轉念—扭轉逆境的智慧 | 220 元 |
| 氣度決定寬度 2 | 220 元 | 逆轉勝—發現在逆境中成長的智慧 | 199 元（原價 300 元） |
| 智慧沙 2 | 199 元 | 好心態，好自在 | 220 元 |
| 生活是一種態度 | 220 元 | 要做事，先做人 | 220 元 |
| 忍的智慧 | 220 元 | 交際是一種習慣 | 220 元 |
| 溝通—沒有解不開的結 | 220 元 | | |

## ● SUCCESS 系列

| | | | |
|---|---|---|---|
| 七大狂銷戰略 | 220 元 | 打造一整年的好業績—店面經營的 72 堂課 | 200 元 |
| 超級記憶術—改變一生的學習方式 | 199 元 | 管理的鋼盔—商戰存活與突圍的 25 個必勝錦囊 | 200 元 |
| 搞什麼行銷— 152 個商戰關鍵報告 | 220 元 | 精明人聰明人明白人—態度決定你的成敗 | 200 元 |
| 人脈＝錢脈—改變一生的人際關係經營術 | 180 元 | 週一清晨的領導課 | 160 元 |
| 搶救貧窮大作戰？ 48 條絕對法則 | 220 元 | 搜驚 · 搜精 · 搜金 —從 Google 的致富傳奇中，你學到了什麼？ | 199 元 |
| 絕對中國製造的 58 個管理智慧 | 200 元 | 客人在哪裡？—決定你業績倍增的關鍵細節 | 200 元 |
| 殺出紅海—漂亮勝出的 104 個商戰奇謀 | 220 元 | 商戰奇謀 36 計—現代企業生存寶典 I | 180 元 |
| 商戰奇謀 36 計—現代企業生存寶典 II | 180 元 | 商戰奇謀 36 計—現代企業生存寶典 III | 180 元 |
| 幸福家庭的理財計畫 | 250 元 | 巨賈定律—商戰奇謀 36 計 | 498 元 |
| 有錢真好！輕鬆理財的 10 種態度 | 200 元 | 創意決定優勢 | 180 元 |
| 我在華爾街的日子 | 220 元 | 贏在關係—勇闖職場的人際關係經營術 | 180 元 |
| 買單！一次就搞定的談判技巧 | 199 元（原價 300 元） | 你在說什麼？—39 歲前一定要學會的 66 種溝通技巧 | 220 元 |
| 與失敗有約 —13 張讓你遠離成功的入場券 | 220 元 | 職場 AQ —激化你的工作 DNA | 220 元 |
| 智取—商場上一定要知道的 55 件事 | 220 元 | 鏢局—現代企業的江湖式生存 | 220 元 |
| 到中國開店正夯《餐飲休閒篇》 | 250 元 | 勝出！—抓住富人的 58 個黃金錦囊 | 220 元 |
| 搶賺人民幣的金雞母 | 250 元 | 創造價值—讓自己升值的 13 個秘訣 | 220 元 |
| 李嘉誠談做人做事做生意 | 220 元 | 超級記憶術（紀念版） | 199 元 |
| 執行力—現代企業的江湖式生存 | 220 元 | 打造一整年的好業績—店面經營的 72 堂課 | 220 元 |
| 週一清晨的領導課（二版） | 199 元 | 把生意做大 | 220 元 |
| 李嘉誠再談做人做事做生意 | 220 元 | 好感力—辦公室 C 咖出頭天的生存術 | 220 元 |

| | | | |
|---|---|---|---|
| 業務力—銷售天王 VS. 三天陣亡 | 220 元 | 人脈＝錢脈—改變一生的人際關係經營術（平裝紀念版） | 199 元 |
| 活出競爭力—讓未來再發光的 4 堂課 | 220 元 | | |

## ●都會健康館系列

| | | | |
|---|---|---|---|
| 秋養生—二十四節氣養生經 | 220 元 | 春養生—二十四節氣養生經 | 220 元 |
| 夏養生—二十四節氣養生經 | 220 元 | 冬養生—二十四節氣養生經 | 220 元 |
| 春夏秋冬養生套書 | 699 元（原價 880 元） | 寒天—0 卡路里的健康瘦身新主張 | 200 元 |
| 地中海纖體美人湯飲 | 220 元 | 居家急救百科 | 399 元（原價 550 元） |
| 病由心生—365 天的健康生活方式 | 220 元 | 輕盈食尚—健康腸道的排毒食方 | 220 元 |
| 樂活，慢活，愛生活—健康原味生活 501 種方式 | 250 元 | 24 節氣養生食方 | 250 元 |
| 24 節氣養生藥方 | 250 元 | 元氣生活—日の舒暢活力 | 180 元 |
| 元氣生活—夜の平靜作息 | 180 元 | 自療—馬悅凌教你管好自己的健康 | 250 元 |
| 居家急救百科（平裝） | 299 元 | 秋養生—二十四節氣養生經 | 220 元 |
| 冬養生—二十四節氣養生經 | 220 元 | 春養生—二十四節氣養生經 | 220 元 |
| 夏養生—二十四節氣養生經 | 220 元 | 遠離過敏—打造健康的居家環境 | 280 元 |

## ● CHOICE 系列

| | | | |
|---|---|---|---|
| 入侵鹿耳門 | 280 元 | 蒲公英與我—聽我說說畫 | 220 元 |
| 入侵鹿耳門（新版） | 199 元 | 舊時月色（上輯＋下輯） | 各 180 元 |
| 清塘荷韻 | 280 元 | 飲食男女 | 200 元 |
| 梅朝榮品諸葛亮 | 280 元 | 老子的部落格 | 250 元 |
| 孔子的部落格 | 250 元 | 翡冷翠山居閒話 | 250 元 |
| 大智若愚 | 250 元 | 野草 | 250 元 |
| 清塘荷韻（二版） | 280 元 | | |

## ● FORTH 系列

| | | | |
|---|---|---|---|
| 印度流浪記—滌盡塵俗的心之旅 | 220 元 | 胡同面孔— 古都北京的人文旅行地圖 | 280 元 |
| 尋訪失落的香格里拉 | 240 元 | 今天不飛—空姐的私旅圖 | 220 元 |
| 紐西蘭奇異國 | 200 元 | 從古都到香格里拉 | 399 元 |
| 馬力歐帶你瘋台灣 | 250 元 | 瑪杜莎艷遇鮮境 | 180 元 |

## ●大旗藏史館

| | | | |
|---|---|---|---|
| 大清皇權遊戲 | 250 元 | 大清后妃傳奇 | 250 元 |

| | | | |
|---|---|---|---|
| 大清官宦沉浮 | 250 元 | 大清才子命運 | 250 元 |
| 開國大帝 | 220 元 | 圖說歷史故事—先秦 | 250 元 |
| 圖說歷史故事—秦漢魏晉南北朝 | 250 元 | 圖說歷史故事—隋唐五代兩宋 | 250 元 |
| 圖說歷史故事—元明清 | 250 元 | 中華歷代戰神 | 220 元 |
| 圖說歷史故事全集 | 880 元（原價 1000 元） | 人類簡史—我們這三百萬年 | 280 元 |
| 世界十大傳奇帝王 | 280 元 | | |

## ●大都會運動館

| | | | |
|---|---|---|---|
| 野外求生寶典—活命的必要裝備與技能 | 260 元 | 攀岩寶典—安全攀登的入門技巧與實用裝備 | 260 元 |
| 風浪板寶典—駕馭的駕馭的入門指南與技術提升 | 260 元 | 登山車寶典—鐵馬騎士的駕馭技術與實用裝備 | 260 元 |
| 馬術寶典—騎乘要訣與馬匹照護 | 350 元 | | |

## ●大都會休閒館

| | | | |
|---|---|---|---|
| 賭城大贏家—逢賭必勝祕訣大揭露 | 240 元 | 旅遊達人—行遍天下的 109 個 Do & Don't | 250 元 |
| 萬國旗之旅—輕鬆成為世界通 | 240 元 | 智慧博奕—賭城大贏家 | 280 元 |

## ●大都會手作館

| | | | |
|---|---|---|---|
| 樂活，從手作香皂開始 | 220 元 | Home Spa & Bath —玩美女人肌膚的水嫩體驗 | 250 元 |
| 愛犬的宅生活— 50 種私房手作雜貨 | 250 元 | Candles 的異想世界—不思議の手作蠟燭魔法書 | 280 元 |

## ●世界風華館

| | | | |
|---|---|---|---|
| 環球國家地理 · 歐洲（黃金典藏版） | 250 元 | 環球國家地理 · 亞洲 · 大洋洲（黃金典藏版） | 250 元 |
| 環球國家地理 · 非洲 · 美洲 · 兩極（黃金典藏版） | 250 元 | 中國國家地理 · 華北 · 華東（黃金典藏版） | 250 元 |
| 中國國家地理 · 中南 · 西南（黃金典藏版） | 250 元 | 中國國家地理 · 東北 · 西東 · 港澳（黃金典藏版） | 250 元 |
| 中國最美的 96 個度假天堂 | 250 元 | 非去不可的 100 個旅遊勝地 · 世界篇 | 250 元 |

# 愛の練習曲：與最親的人快樂相處

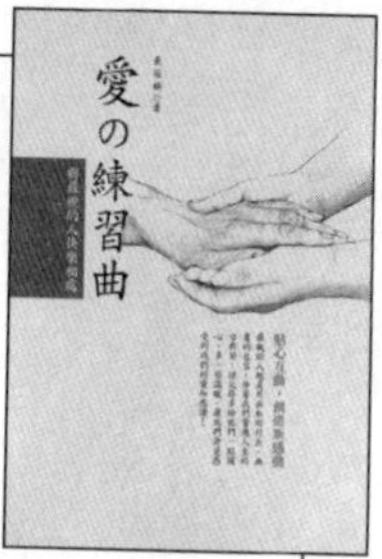


作　　者　黃冠誠

發 行 人　林敬彬
主　　編　楊安瑜
編　　輯　李彥蓉
美術編排　帛格有限公司
封面設計　劉秋筑

出　　版　大都會文化事業有限公司　行政院新聞局北市業字第89號
發　　行　大都會文化事業有限公司
110台北市信義區基隆路一段432號4樓之9
讀者服務專線：(02)27235216
讀者服務傳真：(02)27235220
電子郵件信箱：metro@ms21.hinet.net
網　　　　址：www.metrobook.com.tw

郵政劃撥　14050529 大都會文化事業有限公司
出版日期　2010年1月初版一刷
定　　價　220元
I S B N　978-986-6846-84-7
書　　號　Growth-032


Metropolitan Culture Enterprise Co., Ltd.
4F-9, Double Hero Bldg., 432, Keelung Rd., Sec. 1, Taipei 110, Taiwan
Tel:+886-2-2723-5216　Fax:+886-2-2723-5220
E-mail:metro@ms21.hinet.net
Web-site: www.metrobook.com.tw



大都會文化
METROPOLITAN CULTURE
大都會文化

國家圖書館出版品預行編目資料

愛の練習曲：與最親的人快樂相處 / 黃冠誠著.
-- 初版. -- 臺北市：大都會文化, 2010.01
面；　公分. -- (Growth；032)

ISBN 978-986-6846-84-7 (平裝)

1. 人際關係

177.3　　98023934

大都會文化

# 大都會文化　讀者服務卡

書名：**愛の練習曲：與最親的人快樂相處**

謝謝您選擇了這本書！期待您的支持與建議，讓我們能有更多聯繫與互動的機會。

A. 您在何時購得本書：______年______月______日

B. 您在何處購得本書：____________書店，位於____________(市、縣)

C. 您從哪裡得知本書的消息：

1.□書店　2.□報章雜誌　3.□電台活動　4.□網路資訊

5.□書籤宣傳品等　6.□親友介紹　7.□書評　8.□其他

D. 您購買本書的動機：（可複選）

1.□對主題或內容感興趣　2.□工作需要　3.□生活需要

4.□自我進修　5.□內容為流行熱門話題　6.□其他

E. 您最喜歡本書的：（可複選）

1.□內容題材　2.□字體大小　3.□翻譯文筆　4.□封面　5.□編排方式　6.□其他

F. 您認為本書的封面：1.□非常出色　2.□普通　3.□毫不起眼　4.□其他

G. 您認為本書的編排：1.□非常出色　2.□普通　3.□毫不起眼　4.□其他

H. 您通常以哪些方式購書：(可複選)

1.□逛書店　2.□書展　3.□劃撥郵購　4.□團體訂購　5.□網路購書　6.□其他

I. 您希望我們出版哪類書籍：（可複選）

1.□旅遊　2.□流行文化　3.□生活休閒　4.□美容保養　5.□散文小品

6.□科學新知　7.□藝術音樂　8.□致富理財　9.□工商企管　10.□科幻推理

11.□史哲類　12.□勵志傳記　13.□電影小說　14.□語言學習（_____語）

15.□幽默諧趣　16.□其他

J. 您對本書(系)的建議：

______________________________________________

K. 您對本出版社的建議：

______________________________________________

## 讀者小檔案

姓名：____________ 性別：□男　□女　生日：____年____月____日

年齡：□20歲以下 □21～30歲 □31～40歲 □41～50歲 □51歲以上

職業：1.□學生 2.□軍公教 3.□大眾傳播 4.□服務業 5.□金融業 6.□製造業

7.□資訊業 8.□自由業 9.□家管 10.□退休 11.□其他

學歷：□國小或以下 □國中 □高中／高職 □大學／大專 □研究所以上

通訊地址：________________________________________

電話：（H）______________（O）____________ 傳真：____________

行動電話：______________ E-Mail：__________________

◎謝謝您購買本書，也歡迎您加入我們的會員，請上大都會文化網站 www.metrobook.com.tw 登錄您的資料。您將不定期收到最新圖書優惠資訊和電子報。

愛の練習曲：與最親的人快樂相處

北區郵政管理局
登記證北台字第9125號
免貼郵票

大都會文化事業有限公司

讀者服務部 收

110台北市基隆路一段432號4樓之9

寄回這張服務卡〔免貼郵票〕
您可以：
◎不定期收到最新出版訊息
◎參加各項回饋優惠活動

大都會文化
METROPOLITAN CULTURE

大都會文化
METROPOLITAN CULTURE